Les NFT

Tiana Laurence
Seoyoung Kim

Les NFT pour les nuls

FIRST
INTERACTIVE

Les NFT pour les Nuls

Titre de l'édition originale : *NFTs For Dummies®*

Edition française publiée en accord avec John Wiley & Sons, Inc.
© Éditions First, un département d'Édi8, 2022
92 avenue de France
75013 Paris
Tél. : 01 44 16 09 00
Fax : 01 44 16 09 01
E-mail : firstinfo@efirst.com
Web : pourlesnuls.fr
ISBN : 978-2-412-08007-8
Dépôt légal : juin 2022

Imprimé en Italie par Rotolito S.p.A.
Traduction de l'anglais : Gisèle Foucher et Daniel Ichbiah
Mise en page : Enredos e Legendas Unip. Lda

Sommaire

Introduction

Bienvenue dans *Les NFT pour les Nuls* ! Si vous vous intéressez aux NFT – que ce soit à leur origine, leurs cas d'utilisation ou leur technologie sous-jacente –, ce livre est fait pour vous.

Dans cet ouvrage, vous trouverez des informations et des conseils utiles dans votre exploration du monde des NFT. Vous y apprendrez étape par étape comment configurer un *wallet* (portefeuille) pour y stocker des NFT, comment naviguer sur les marchés NFT et même, pour les plus techniciens d'entre vous, comment coder vos propres NFT.

Nul besoin d'avoir une formation en programmation, en mathématiques, en théorie des contrats ou en économie pour comprendre la plupart des chapitres de ce livre. Nous intégrerons cependant ces éléments, afin de couvrir le plus largement possible l'univers des NFT et ce qu'ils représentent.

À propos de ce livre

Naturellement, ce livre détaille les bases des NFT, mais nous parlerons également des *smart contracts* (la possibilité de programmer une monnaie) et de la technologie de la *blockchain* (l'équivalent d'un registre comptable), pour expliquer de quelle façon les NFT sont sécurisés et comment ils fonctionnent. De même, nous aborderons divers thèmes économiques et juridiques pour vous informer sur les potentialités des NFT.

Ce livre couvre divers domaines d'intérêt, tel que le jeu vidéo grand public, et propose des réflexions éclairées, sur le devenir de la technologie des NFT notamment. Nous délivrons également des explications plus techniques couvrant le fonctionnement interne des smart contracts qui font fonctionner les NFT, ainsi que la technologie de la blockchain qui les protège.

Il n'est pas essentiel de lire le livre dans son intégralité pour comprendre les différents sujets abordés ici. Cet ouvrage vise à offrir un parcours adapté à chaque type de lecteur, que vous soyez simplement curieux d'apprendre le jargon des NFT, intéressé par l'achat et la vente de NFT ou encore animé d'un désir ardent de coder et de déployer votre propre token ERC-721 non fongible (c'est-à-dire unique, non modifiable).

Suppositions de base

Si vous avez acheté ce livre, nous présumons que vous souhaitez en savoir davantage sur les NFT. Nous avons émis d'autres hypothèses de ce style lors de la rédaction des indications pratiques qui parsèment ce livre. Si aucune connaissance ou expérience préalable en programmation, en technologie de blockchain ou en cryptotrading n'est requise pour lire cet ouvrage, nous supposons néanmoins que :

» **Vous possédez un ordinateur avec un accès à Internet.**

» **Vous connaissez les bases de la navigation sur Internet, et savez comment télécharger, installer et exécuter des programmes.**

» **Vous savez que certaines adresses web ou de longs hashages (résultat de calculs mathématiques complexes) peuvent être répartis sur deux lignes de texte. Gardez à l'esprit que ces adresses web et ces grands nombres doivent être copiés tels quels, comme si le saut de ligne n'existait pas.**

» Vous comprenez que les choses évoluent rapidement, en particulier dans le monde de la cryptographie, et que certaines de nos explications pratiques illustrées peuvent ne plus représenter les conditions en cours sur le terrain au moment où vous lisez ce livre.

Enfin, nous supposons que vous savez que nous ne sommes pas des conseillers en matière de placement financier ; nous ne donnerons donc pas de conseils en investissement. Les places de marché que nous décrivons et les pas-à-pas que nous fournissons pour l'achat et la vente de NFT se veulent démonstratifs et informatifs.

Les icônes utilisées dans ce livre

Des icônes apparaissent de temps en temps en marge, pour attirer votre attention sur certains éléments intéressants :

Cette icône désigne généralement un raccourci ou une adaptation plus facile d'une tâche décrite, dans le but de vous faire gagner du temps (vous comprendrez rapidement ce que nous voulons dire par là...).

Cette icône signale une information particulièrement importante ou qui peut aider à dissiper plus tard une éventuelle confusion.

Cette icône vise à détourner votre attention (si vous n'êtes pas un technicien) ou au contraire à l'attirer (si vous êtes un technicien en herbe) avec des informations plus techniques qui ne sont pas nécessaires à la compréhension des points principaux.

Accordez une attention particulière aux notes marquées de cette icône. Elles vous feront gagner du temps, des jetons, préserver votre santé mentale, voire des amitiés.

Et maintenant?

Aussi évident que cela puisse paraître, nous vous recommandons de commencer ce livre par le Chapitre 1. Une fois qu'ils sera lu, vous pourrez poursuivre votre aventure en allant directement au chapitre qui vous intéresse si vous le souhaitez, selon que vous êtes plus intéressé par le commerce, le codage ou une exploitation artistique des NFT.

Vous n'avez pas besoin de lire tout ce livre pour comprendre les divers sujets qui y sont traités. Nous vous guiderons le cas échéant si certaines sections ou certains chapitres nécessitent des connaissances provenant d'une partie antérieure du livre.

C'est parti !

Première partie

Démarrer avec les NFT

Dans cette partie…

À la découverte du monde des tokens non fongibles.

Rencontre avec le tout premier NFT : *CryptoKitties*.

Comment posséder ses propres NFT.

Apprendre les utilisations actuelles et potentielles des NFT.

DANS CE CHAPITRE

Définition d'un NFT.

Les cas d'utilisation.

Fonctionnement des NFT.

Investir dans les NFT.

Chapitre 1
Introduction aux NFT

Tout a commencé avec le bitcoin, la toute première crypto-monnaie, fondée sur une blockchain. Quand bien même sa valeur peut connaître des hauts et des bas, sa progression sur le long terme ne peut qu'impressionner (voir Figure 1.1).

De fait, les tendances de recherche sur Google en France montrent que les internautes sont désormais plus curieux à propos du bitcoin que d'Emmanuel Macron (voir Figure 1.2) ; et aussi qu'un nombre de plus en plus important de citoyens souhaitent en apprendre davantage sur les NFT (voir Figure 1.3).

Les récits surprenants de destructions d'œuvres de l'artiste Banksy ou la vente de NFT à plusieurs millions de dollars peuvent susciter chez certains un mélange d'étonnement, de confusion et même de mépris pour ces nouvelles inventions numériques. Ceux qui observent de l'extérieur ces événements se demandent même parfois comment il est possible de se passionner pour des créations qui leur semblent si banales.

Dans ce chapitre, nous vous présentons les principes de base des NFT : ce qu'ils sont, comment ils fonctionnent et à quoi ils servent. L'objectif est de vous fournir une feuille de route qui vous aidera à décider quels aspects des NFT vous avez envie d'approfondir et, ainsi, à sélectionner les parties qui vous intéressent dans le livre.

Figure 1.1

La progression de la valeur du bitcoin de 2014 au début de l'année 2022.

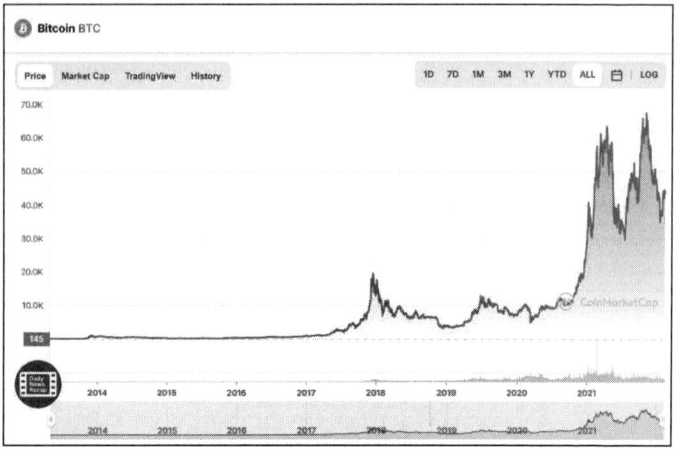

Figure 1.2

En France, entre début février 2021 et début février 2022, le terme « bitcoin » a fait l'objet de davantage de recherches que « Emmanuel Macron ».

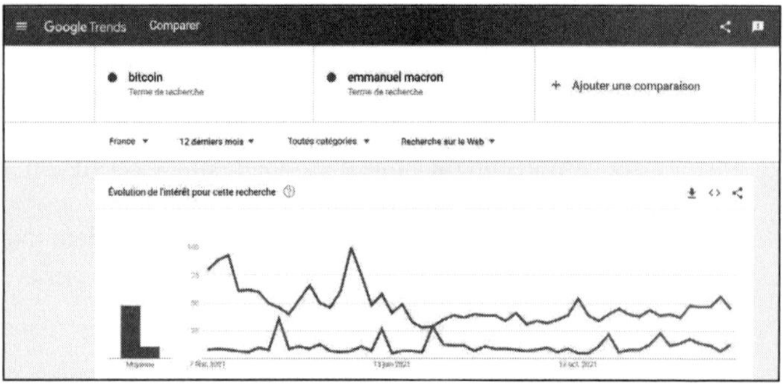

Figure 1.3

Plus les mois passent et plus les requêtes sur le terme « NFT » sont en progression sur la version française de Google.

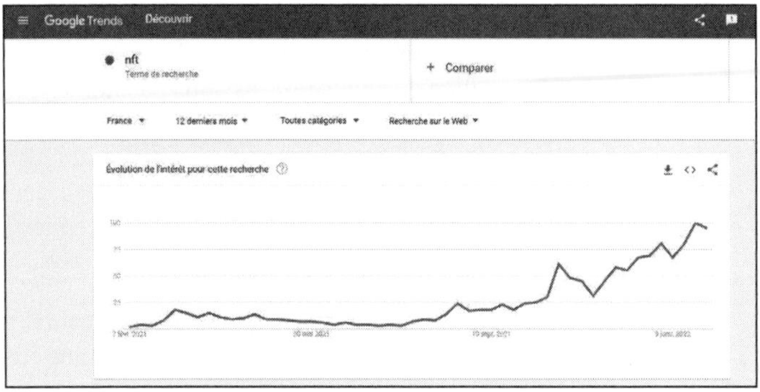

Non fongible, ça veut dire quoi, au juste ?

Comme vous l'avez probablement appris d'amis ou de vos propres recherches sur Internet avant de consulter ce livre, NFT est le sigle de *non-fungible token*, « jeton non fongible » en anglais. Bien que le principe des jetons (*tokens*) soit relativement nouveau, l'idée de distinguer les biens fongibles et non fongibles ne l'est pas.

Pensez aux billets de 1 euro, aux actions d'une société telle que Free et au bitcoin : chacun représente un ensemble défini dont les éléments sont dits *fongibles*. Par exemple, si quelqu'un vous donne un billet de 1 euro, ce qui compte, c'est que la somme soit respectée. Il est donc possible de vous donner n'importe quel billet de 1 euro. Il en sera de même si la valeur du billet est de 10 euros.

Pourtant, dans le quotidien, nous manipulons aussi, sans le réaliser, des biens *non fongibles*. Lorsque vous achetez des fleurs ou des fruits, vous veillez probablement à choisir les moins abîmés. Et, de même, si vous avez acheté une place au premier rang pour un concert, vous ne l'échangeriez probablement pas contre un autre billet qui vous placerait au fond de la salle. Voilà ce que l'on entend par « non fongible ».

De par leur nature, les biens non fongibles sont plus difficiles à enregistrer et à suivre à la trace. D'une part, ils nécessitent davantage d'informations à stocker puisqu'il s'agit d'enregistrer ce qui les rend uniques. Bien que nous ne puissions pas numériser le monde, il existe de nombreux cas où nous pourrions bénéficier d'un système fiable, transparent et automatisé conçu pour regrouper, organiser et suivre numériquement les éléments non fongibles importants pour nous. C'est là que les NFT entrent en jeu !

Un token non fongible (NFT) est un identifiant numérique unique sécurisé et stocké sur une blockchain publique. Un tel token n'est pas interchangeable avec un autre, et il ne peut plus être divisé.

Ce qu'un NFT représente réellement dépend de l'intention des développeurs. De même qu'une cryptomonnaie – ou un token fongible – peut représenter soit une monnaie d'échange au niveau mondial (bitcoin), soit un token programmable par le biais de smart contracts (ether), soit encore être le miroir de la valeur d'une action en Bourse, les NFT diffèrent dans leurs utilisations actuelles et potentielles.

Bien que l'intérêt du public pour les NFT ait été minime, pour ne pas dire inexistant jusqu'à la fin 2020, la communauté des développeurs est très active dans le domaine des tokens fongibles depuis de nombreuses années. Après les lancements réussis de Bitcoin (2009), Litecoin (2011) et Dogecoin (2013), une vague de projets a déferlé, chacun engendrant ses propres tokens fongibles. Pourtant, à partir de 2017, certains développeurs ont commencé à imaginer un monde d'objets de collection numériques : l'équivalent dans le monde crypto du jouet Tamagotchi et des cartes de base-ball, par exemple. Ces projets nécessitaient un autre type de norme de token pour garantir que chaque crypto-objet soit unique et non divisible.

À cette fin, une norme de token non fongible sur Ethereum a fait ses débuts en 2017, la norme ERC-721. Elle avait été mise à profit sur un projet qui a connu un succès retentissant : CryptoKitties. La définition de ERC-721 avait pour but de servir de modèle à la communauté des développeurs. (Vous en saurez davantage sur ces CryptoKitties au Chapitre 2.) Depuis lors, il y a eu une explosion de projets NFT, avec plus de quinze mille NFT déployés sur la seule blockchain Ethereum (voir Figure 1.4).

Figure 1.4 :

Les cinq collections de NFT qui ont connu le plus grand succès sur la plateforme OpenSea.

Collection	Volume	24h %	7d %	Floor Price	Owners	Items
1 CryptoPunks	♦ 822100,16	-51.09%	-21.81%	---	3.4K	10.0K
2 Bored Ape Yacht Club	♦ 382020,53	+36.97%	+60.61%	♦ 99.3	6.3K	10.0K
3 Decentraland	♦ 272000,6	+274.73%	+7.79%	♦ 4.72	6.6K	97.3K
4 Mutant Ape Yacht Club	♦ 233070	-5.60%	+31.53%	♦ 23.99	11.7K	17.9K
5 Art Blocks Curated	♦ 226621,28	+63.19%	+150.88%	---	10.5K	50.3K

Quels usages pour les NFT ?

Le monde des NFT en est encore à ses balbutiements, mais la communauté des développeurs déborde déjà d'idées sur la façon de les employer. Le cas d'utilisation le plus évident – celui qui domine actuellement le marché – est le suivi des objets de collection numériques. À partir de là, certains articles de jeux vidéo et médias numériques en sont devenus des extensions naturelles. Cependant, malgré l'explosion récente des NFT, les implémentations actuelles sont encore assez limitées dans leur portée et concernent principalement la monétisation d'objets de collection. L'industrie a également été entravée par l'appât du gain, qui a tourmenté l'espace crypto en général et a attiré de nombreux acteurs peu scrupuleux.

Néanmoins, de nombreux cas d'utilisation intéressants des NFT se profilent à l'horizon. Certains d'entre eux pourraient véritablement bouleverser la manière dont nous validons, suivons et attribuons une propriété à des éléments uniques, quelle que soit leur nature, ou dont nous travaillons à démocratiser efficacement la création et la distribution de contenu. Supposez que vous supprimiez le travail coûteux de vérification de l'historique de propriété d'un objet de collection rare. Ou imaginez un monde où les ventes aux enchères coûteuses d'eBay incluent une preuve de propriété sur la blockchain Ethereum. La spéculation a le vent en poupe en ce moment, mais la valeur ajoutée potentielle de ces possibilités passionnantes éclipse de loin les gros titres faisant la part belle aux escroqueries et millionnaires liés aux NFT.

Le monde de la cryptomonnaie a rencontré les mêmes réactions que pour les NFT, allant d'un profond scepticisme à une approbation enthousiaste. Mais à mesure que certains gouvernements, mais aussi les principales institutions financières, ont commencé à accepter le bitcoin et l'ether, la promesse de la technologie sous-jacente est venue au premier plan des discussions. Bien que les précurseurs (qui sont eux-mêmes encore assez jeunes) soient très actifs dans le domaine des NFT, le temps seul nous dira comment l'écosystème NFT va évoluer et ce qu'il engendrera par la suite.

Comment fonctionne un NFT ?

Deux points essentiels caractérisent le NFT : l'œuvre elle-même et le code associé qui lui donne son caractère unique. Le code NFT est un enregistrement numérique sécurisé par chiffrement qui certifie qu'un bien, une œuvre d'art numérique par exemple, est à vous, ou que vous y avez accès – un peu à la manière d'un titre de propriété qui certifie qu'un bien vous appartient. Vous n'êtes pas le propriétaire de votre voiture sans ce titre, comme vous n'êtes pas réellement le propriétaire du CryptoKitty dans votre collection de fichiers JPEG sans le NFT correspondant.

Prenons par exemple la collection numérique (*cryptocollectible*) « Bored Ape Yacht Club » (voir Figure 1.5). Cette étrange série de Bored Apes, « singes blasés » en français, est la dernière passion des collectionneurs de NFT, et aujourd'hui le token ERC-721 le plus actif. Mais que signifie exactement le fait de posséder un de ces singes ?

Figure 1.5 :

Des Bored Apes (« singes blasés »), en vente publique sur OpenSea.

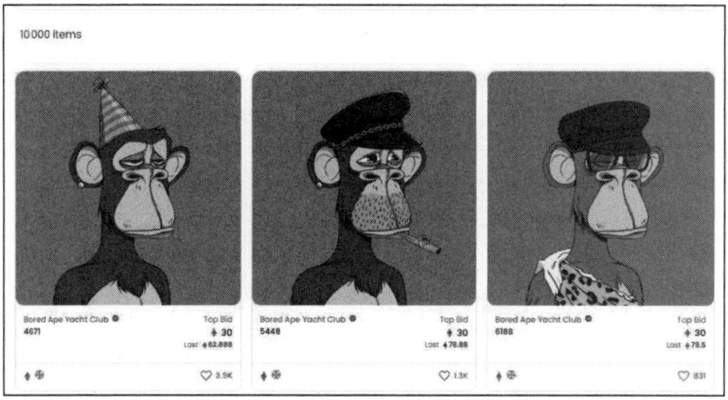

Lorsque vous cherchez des Bored Apes à vendre sur OpenSea (l'une des places de marché NFT que vous découvrirez aux Chapitres 4 et 12), toute une série de graphiques s'affichent sur la plateforme (reportez-vous à la Figure 1.5). Ce que vous voyez, ce sont les représentations visuelles de chaque Bored Ape, mais le NFT lui-même est le code numérique unique sécurisé sur la blockchain Ethereum.

Considérons par exemple le *Bored Ape #4671* dans la partie gauche de la Figure 1.5. En achetant ce NFT, vous deviendrez le propriétaire légitime de l'enregistrement du TokenID 4671, stocké dans le compte de contrat `0xbc4ca0eda7647a8ab7c-2061c2e118a18a936f13d`, qui l'identifie sur la blockchain Ethereum. Tous les transferts de propriété seront enregistrés à la suite de cette manière sur la blockchain, afin que la provenance de *Bored*

Ape #4671 et son propriétaire légitime actuel puissent toujours être connus, comme illustré à la Figure 1.6.

Figure 1.6

La fiche du **Bored Ape #4671** nous fait savoir qu'une offre de 30 ETH a été émise à son égard mais que son prix de réserve n'a pas encore été atteint.

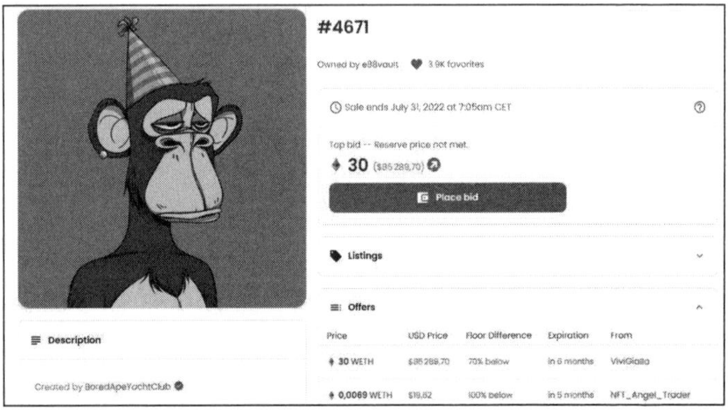

Au moment d'écrire ces lignes, le *Bored Ape #4671* était la propriété d'un certain e88vault, qui l'a mis en vente. Il a fait l'objet d'une offre de 30 ETH par un internaute nommé ViviGiallo. Sur la fiche de ce NFT sur OpenSea, vous pourrez découvrir l'historique des enchères et bien d'autres informations sur cette pièce unique.

Les œuvres d'art numériques que vous achetez sont faciles à reproduire, puisqu'il suffit pour cela d'appuyer sur la touche Impr écran du clavier. Cependant, comme le NFT est sécurisé sur une blockchain publique, il est bien plus difficile de transférer ou dupliquer illégalement l'œuvre, ou encore de la pirater. La beauté des NFT réside dans leur technologie sous-jacente – des smart contracts soumis à un réseau distribué de validateurs – qui permet de vérifier de manière fiable et automatique qui possède vraiment quoi (par exemple, chacun des dix mille NFT de singes blasés).

Ainsi, nos Bored Apes font partie d'un écosystème décentralisé, où les enregistrements sont conservés de façon publique, et où la confiance repose sur le réseau. Ce qui signifie qu'un organisme central de confiance, tel que la Banque centrale européenne (BCE), n'est pas nécessaire pour maintenir un système fiable et sécurisé qui suive nos singes blasés pour nous. À leur manière, ces derniers introduisent le public à l'univers en plein essor de la finance décentralisée (DeFi) et des organisations autonomes décentralisées (DAO, dont il sera question aux Chapitres 4 et 6).

La plupart des NFT sont émis en tant que tokens ERC-721 sur Ethereum. La provenance de chaque token est mémorisée sur la blockchain publique Ethereum. Chaque transaction ultérieure est validée et exécutée par un réseau distribué de mineurs, tout comme le système sécurisant la blockchain Bitcoin.

Parce qu'un NFT est sécurisé sur une blockchain robuste qui a démontré sa fiabilité (à ce jour, la blockchain Ethereum n'a jamais été piratée), les développeurs de projets naissants peuvent se greffer sur le système existant pour sécuriser leurs enregistrements de propriétés et leurs systèmes de récompenses au sein de diverses sous-économies en développement. Sachez cependant que, si la blockchain Ethereum elle-même n'a pas (encore) été piratée, il n'en va pas de même pour les smart contracts individuels déployés sur Ethereum. Ainsi, nous recommandons d'utiliser des bibliothèques approuvées fournissant des smart contracts prédéfinis mettant en œuvre des normes de développement qui ont été révisées et finalisées par la plus grande communauté de développeurs principaux.

Rassurez-vous, le paragraphe précédent aura beaucoup plus de sens quand vous aurez plongé dans les chapitres techniques de la troisième partie de ce livre.

Acheter des NFT

Si vous vous intéressez à l'achat de NFT, sachez que c'est assez facile. Il existe désormais de nombreuses places de marché sur lesquelles on peut en trouver : OpenSea, Rarible, Hic et Nunc... À partir du Chapitre 2, nous vous expliquerons comment configurer un portefeuille destiné à engranger vos NFT et comment acheter votre premier NFT.

Si vous êtes déterminé à en apprendre davantage sur le sujet, passez aux Chapitres 4 et 5, qui vous familiariseront avec les considérations pratiques d'achat – et de vente – de NFT, et consultez le Chapitre 12 pour découvrir dix places de marché de NFT.

Avant de vous lancer, il nous semble important cependant de souligner deux remarques qui méritent réflexion.

Pourquoi acheter des NFT

En premier lieu : devez-vous absolument acheter des NFT ? Tout dépend de vos motivations. Si les NFT que vous convoitez vous donnent la possibilité d'accéder à un lieu ou vous confèrent le droit légal de publier certains médias numériques sur votre site web, vous avez tout intérêt à en acquérir.

Nous recommandons également de consulter les places de marché NFT à des fins éducatives, voire pour le plaisir. Mais peut-être souhaitez-vous simplement connaître la procédure à suivre pour acheter un NFT ; ou encore préférez-vous apprendre sa technologie sous-jacente et explorer d'autres cas d'utilisation avant de vous lancer.

Quelle que soit votre motivation, la principale question à vous poser est : « Vais-je dépenser de l'argent que je regretterais sérieusement de perdre ? » Si tel est le cas, vous ne devriez pas acheter de NFT.

Les NFT comme investissements

Considérons les investissements en nous référant aux principes de la gestion de placements traditionnels. L'essentiel est de diversifier et de rééquilibrer ses placements au fil du temps, afin de limiter les risques à l'approche de la retraite.

Nous ne préconisons comme pratique d'investissement sûre ni la sélection de titres individuels, ni celle de NFT. Mais, comme nous l'avons mentionné plus tôt, rien ne vous empêche de mettre de côté de l'argent dont vous êtes certain *qu'il ne vous manquera pas*, afin de vous offrir quelques distractions. Ces dernières pourraient se matérialiser sous la forme d'un voyage sur la Côte d'Azur, d'un dîner dans un grand restaurant ou par l'acquisition de NFT de singes blasés.

À mesure que la classe d'actifs NFT va évoluer, vous allez acquérir une vision plus fine de la balance bénéfice-risque des divers NFT et de leurs rendements, le cas échéant, au sein d'un portefeuille d'investissement bien diversifié. Après tout, si l'on considère que le bitcoin approche une capitalisation boursière de mille milliards de dollars, nous devrions tous envisager d'allouer une (infime) partie de tout portefeuille véritablement diversifié à cette cryptomonnaie. Néanmoins, nous ne conseillons pas de vous livrer à des « investissements » individuels importants, pécuniairement parlant (qu'il s'agisse d'actions individuelles ou de NFT) dans l'espoir de toucher le jackpot.

Bon voyage au royaume des NFT !

Nous espérons que ce livre sera pour vous une façon agréable d'en apprendre davantage sur cette classe d'actifs émergente. Que cela inspirera votre énergie créatrice, encouragera de nouvelles implémentations et vous dissuadera de succomber au désir de gagner rapidement de l'argent.

DANS CE CHAPITRE

Situer les NFT dans le contexte du jeu *CryptoKitties.*

Configurer un portefeuille MetaMask pour pouvoir faire ses achats.

Créer un compte Coinbase pour transférer les fonds sur son portefeuille.

Acheter et vendre des NFT sur un marché.

Créer des NFT en élevant des CryptoKitties.

Chapitre 2
Posséder ses propres NFT

Dans ce chapitre, nous allons plonger dans le monde passionnant des NFT, au sein de la plateforme *CryptoKitties* de Dapper Labs. Jouer à *CryptoKitties* vous aidera à mieux comprendre comment sont créés et échangés les NFT.

Nous vous montrerons comment configurer un portefeuille (*wallet*) NFT et une plateforme de trading (*exchange*) afin que vous puissiez acheter (voire créer) et vendre votre premier NFT. Vous pourrez explorer avec confiance ces nouveaux marchés ainsi que les modèles commerciaux en évolution que les NFT ont introduits.

Dapper Labs travaille dur pour rendre ses plateformes accessibles à chacun, quelle que soit sa formation technique. Ce chapitre vous prépare aussi à accéder à d'autres places de marché NFT, que nous aborderons dans la Partie 2 de ce livre.

Là où tout a commencé : les Kitties non fongibles

Les NFT doivent leur existence à *CryptoKitties* (`www.cryptokitties.com`), un jeu lancé à l'automne 2017 par la société Dapper Labs. (Laquelle a également créé les plateformes Top Shop et Top Shot, qui permettent d'acheter des NFT de ses joueurs de NBA préférés ou de clips vidéo des actions les plus marquantes d'un match de basket.) Les créateurs s'étaient rendu compte que la population en général ne comprenait pas ce qu'était une cryptomonnaie ni l'importance qu'elle revêtait, et encore moins comment sa technologie fonctionnait. De même, la vision du public était souvent limitée à ce qu'il pouvait lire dans certains médias : arnaques proposant de l'argent facile, logiciels obscurs d'origine douteuse, nouveaux instruments financiers... Les créateurs voulaient changer cette perception du marché, en démystifiant ses implications à long terme et potentielles, qui étaient restées au mieux ésotériques.

La blockchain pour tous

CryptoKitties a offert au grand public une nouvelle approche de la blockchain. Ce jeu – l'un des premiers jeux de blockchain au monde – a tiré parti de la même technologie que celle qui a rendu Bitcoin possible. *CryptoKitties* n'est pas une monnaie numérique : c'est un *cryptocollectible*, c'est-à-dire un actif numérique unique et non fongible, aussi sécurisé qu'une cryptomonnaie.

Chaque CryptoKitty (voir Figure 2.1) est unique en son genre et ne peut être ni reproduit, ni supprimé, ni détruit. Jouer à ce jeu nécessite parfois une quantité importante de ressources, mais l'utilisateur acquiert, tout en s'amusant, une compréhension intime du fonctionnement des cryptomonnaies et de la blockchain. Et le jeu est un peu addictif, il faut l'avouer !

Figure 2.1

Il est possible d'apprendre comment fonctionne une cryptomonnaie au travers de l'achat et de la vente de ces adorables chatons.

Le jeu *CryptoKitties* n'a pas seulement révélé au monde les NFT, il a également présenté des NFT qui pouvaient créer leurs propres NFT. La société Dapper Labs a même intégré dans les mécanismes de *CryptoKitties* les fonctionnalités parmi les plus complexes des blockchains, comme la permanence numérique ou la capacité à tracer la provenance de données qui ne peuvent pas être falsifiées.

De plus, Dapper Labs a compris les limites des précédents projets liés à la blockchain. Il faut savoir que chaque nouvelle cryptomonnaie cherche à résoudre un problème spécifique à Ethereum ou à un système de monnaie antérieur. Et, pour corriger ce problème, les développeurs organisent des collectes de fonds, appelées « offres initiales de pièces » (*Initial Coin Offering*, ICO). *CryptoKitties* a été l'un des rares projets de blockchain en 2017 à ne pas lancer d'ICO. Pourtant, la vente de Kitties a eu un tel succès que leur blockchain s'est trouvée saturée – un inconvénient que Dapper Labs n'avait peut-être pas anticipé. Les nombreuses ventes de ces chatons numériques uniques, sécurisées par le nouveau modèle de token ERC-721 (pour *Euthereum Request for Comment*), ont considérablement ralenti Ethereum.

La possibilité de programmer Ethereum a représenté un tournant majeur dans l'histoire des cryptomonnaies. Elle a permis le développement de nouveaux *tokens* (jetons), d'applications reposant sur un réseau décentralisé et intégrées à un système complet, une gestion prédéfinie des transactions. Les tokens s'appuyant sur Ethereum sont devenus la *killer app* (application qui a tout changé) dans l'univers de la blockchain, permettant de créer toute une gamme d'objets numériques rares : actions, NFT, *etc.* C'est la norme ERC-721 qui a permis de définir un standard pour les NFT sur la blockchain Ethereum.

Les Kitties ont parfaitement démontré la fonctionnalité, mais aussi les limites de la technologie de la blockchain. Ces NFT ont permis de lancer un nouveau marché à la fois amusant et accessible.

CryptoKitties a fait des vagues dans le monde entier jusque dans de grands médias comme le *New York Times*, *Wired*, *Forbes* ou *CNN Money*. Il est fascinant de voir comme ce jeu original et bien conçu a pu changer la blockchain pour toujours.

L'équipe de développement de *CryptoKitties* a construit un modèle durable fondé sur des revenus qui continuent de croître à mesure qu'il acquiert de nouveaux utilisateurs. Auparavant, la blockchain peinait à trouver des modèles commerciaux durables. Souvent, l'économie des tokens ne correspondait pas à l'intérêt des utilisateurs ni à la demande du marché. *CryptoKitties* a montré au monde que la technologie de la blockchain pouvait être utilisée pour n'importe quoi, même pour une activité aussi simple en apparence qu'un jeu consistant à élever des chatons numériques.

Tout sauf une mode passagère

Les sceptiques qui auraient pu penser que les cryptojeux n'étaient qu'une mode pour milléniaux indolents vouée à disparaître ont été détrompés. Avec *CryptoKitties*, la preuve a été donnée que, d'une part, *n'importe quoi* pouvait générer de la valeur avec une économie de tokens suffisante et, d'autre part, qu'il était possible d'accéder à la technologie de la blockchain de manière amusante. L'économie des tokens est solide et son utilité est évidente pour tout le monde. Mais le plus important est qu'aucune connaissance technique n'est requise pour jouer à *CryptoKitties*.

La technologie de la blockchain (voir la section suivante) qui prend en charge les tokens non fongibles pourrait très bien devenir la plus grande révolution de l'ère de l'information. Car ses applications potentielles vont bien au-delà d'un simple jeu d'élevage de chatons numériques.

L'impact des NFT

Depuis sa création en 2009, la blockchain a bouleversé de nombreuses industries. Pourtant, le concept général de cette technologie reste brumeux dans l'esprit du grand public. Mais bon, Internet à ses débuts était un mystère insondable pour la plupart des gens...

Démocratiser la blockchain

Les NFT ont démocratisé la blockchain, en la rendant accessible et utile au plus grand nombre. Les NFT ont amélioré une activité autrefois coûteuse et chronophage (la vente d'objets de collection) en la rendant instantanée et vérifiable, de la même façon que le courrier électronique a marqué un changement de paradigme dans l'envoi de lettres, qui mettait jusqu'alors des jours ou des semaines à arriver à destination. Avec le courrier électronique, il devenait soudain possible de recevoir ou d'envoyer instantanément un message écrit partout dans le monde. De même, les NFT ont défini un paradigme pour la propriété d'éléments numériques uniques.

La blockchain est la technologie sous-jacente qui alimente les NFT. (Vous avez entendu parler de la blockchain, bien sûr, mais peut-être n'êtes-vous pas informé de tous ses aspects.) C'est un système de *registre distribué*, où les informations sont stockées de manière sécurisée et fiable. Toute modification des informations stockées est régie par des règles strictes. Par exemple, un utilisateur ne peut modifier de données sans que tous les autres participants du système en soient informés. Si vous doutez de l'intérêt de cette stratégie, sachez que les données avant l'avènement de la blockchain étaient sécurisées par un seul administrateur, qui avait un pouvoir divin sur les enregistrements.

Les NFT ont une grande valeur parce que ce sont des enregistrements de provenance fiable. Ils appellent donc à la confiance. Vous enregistrez les transactions entre vous-même et un autre participant de façon efficace et vérifiable sur la blockchain du système. L'enregistrement du transfert de votre NFT devient alors une mémoire partagée immuable, distribuée dans le monde entier, avec des fonctionnalités d'enregistrement intégrées et strictes.

Représenter la propriété

Les NFT peuvent déclarer la propriété de toutes sortes d'objets numériques, que ce soit des œuvres d'art numériques ou des éléments de jeu. La plupart du temps, ces NFT sont achetés avec Ethereum ou Bitcoin, sur un *exchange* centralisé – c'est-à-dire une plateforme de *trading* (telle que NBA Top Shop) – qui facilite la transaction.

Permettre les échanges directs entre utilisateurs

Les NFT peuvent aussi être achetés sur une base *peer-to-peer* (d'un ordinateur à un autre), sans intermédiaire. Dans ce modèle, la transaction a lieu directement entre deux personnes ou groupes : on ne passe pas par un intermédiaire (individu ou entreprise) qui contrôle et autorise ladite transaction. En d'autres termes, il n'est pas nécessaire de passer par une société comme eBay ou Amazon pour acheter quelque chose à quelqu'un d'autre : vous pouvez le faire directement, simplement en utilisant votre téléphone.

Les mécanismes d'échange (*exchanges*) internes qui autorisent les utilisateurs à négocier entre eux sans intermédiaire sont appelés *exchanges décentralisés* (DEX). Ils sont devenus populaires car les exchanges centralisés peuvent être sensibles au piratage. En effet, de tels exchanges gérés par une entreprise ne requièrent le contrôle du système que par une seule partie, ce qui annule le pouvoir de la blockchain. Si un objet ou une information quelconque est volé dans un exchange centralisé, il est presque impossible de le récupérer.

Permettre des smart contracts

Les NFT permettent des échanges décentralisés *via* des *smart contracts*, c'est-à-dire des scripts informatiques qui s'exécutent sur des nœuds (ordinateurs qui valident une transaction) d'une blockchain ayant un accès aux données sur le NFT. Par exemple, lorsque vous achetez un CryptoKitty, vous obtenez une œuvre d'art numérique unique qui a été codée de façon que son titre de propriété change automatiquement sitôt le paiement effectué, le tout sans l'intervention d'un agent tiers. Ce système sans intermédiaire réduit les risques tout en accélérant les transactions. L'échange instantané de propriété avec n'importe qui dans le monde est ainsi désormais possible.

Créer une rareté numérique

L'une des nouveautés majeures apportées par *CryptoKitties* a été de créer un concept de rareté numérique pour des objets d'une collection numérique. Il n'existe pas deux CryptoKitties qui se ressemblent : chacun est unique. Certes, les biens numériques ne sont pas nouveaux, puisqu'ils ont déjà été utilisés auparavant. Par exemple, dans le jeu vidéo *World of Warcraft*, il il existe une place de marché en ligne de la plateforme Steam, où des utilisateurs peuvent vendre des objets qu'ils ont gagnés dans le jeu à d'autres joueurs. Cependant, il manquait à cette niche des jeux vidéo les fonctionnalités que peut apporter la blockchain. Ajoutons que Blizzard (l'éditeur de *World of Warcraft*) n'a jamais vu d'un bon œil cette activité de vente d'objets dans son jeu vidéo, estimant qu'elle pouvait pénaliser les joueurs traditionnels.

Le concept de collection numérique s'est étendu à tous les types d'objets de collection et d'art.

Résoudre des problèmes

Le principe du NFT a changé la façon dont les gens perçoivent les objets de collection numériques, comme en témoigne le vif intérêt manifesté pour les CryptoPunks et d'autres NFT. Un passionné d'art numérique a par exemple dépensé l'équivalent de 69,3 millions de dollars (60,5 millions d'euros, autrement dit une somme colossale) pour le NFT *EVERYDAYS: THE FIRST 5000 DAYS*. Et le CryptoKitty nommé *Genesis*, le plus rare de son espèce, s'est vendu le 2 décembre 2017 pour 246,926 ethers, soit environ 117 dollars à cette époque.

L'étendue, les possibilités et le long « pedigree » de ces NFT ne peuvent qu'apaiser les craintes associées aux cryptomonnaies, comme l'indique la liste suivante :

» Le problème de l'autorité centrale émettrice. Habituellement, lorsque des objets de collection numériques sont créés et émis et que le marché accorde une valeur aux objets les plus rares ou les plus populaires, rien n'empêche le créateur d'en créer davantage. Cela a pour conséquence de diminuer la valeur des objets de collection originaux, voire de leur retirer toute valeur. Un NFT rend un objet totalement unique.

» Le problème de la dépendance au fournisseur. L'existence d'un objet de collection numérique non NFT dépend de la présence de l'autorité émettrice. Si la plateforme ou l'éditeur ayant créé des objets de collection numériques cesse d'exister, vos objets de collection numériques disparaissent de même. Les NFT, en revanche, existent sur des registres distribués qui se répliquent : si la blockchain sur laquelle votre NFT s'appuie est fiable, alors il est en sécurité. Bien évidemment, lorsque les NFT sont hébergés sur une plateforme telle que OpenSea ou Rarible, il existe encore un rique : une telle plateforme pourrait théoriquement cesser d'exister. Toutefois, ce risque est extrêmement faible dès lors que le NFT est hébergé sur une plateforme qui a fait ses preuves, comme OpenSea.

» **But et fonction des objets de collection numériques.** Les objets de collection physiques sont recherchés pour diverses raisons. Une collection d'art, par exemple, peut représenter une grande valeur monétaire, un certain statut social, ou servir à décorer une maison. Dans un même ordre d'idées, certains NFT, comme les CryptoPunks, ont prouvé qu'ils avaient une valeur aux yeux de la communauté des collectionneurs.

Grâce à la technologie de la blockchain, le public est davantage disposé à investir dans des objets de collection numériques en dehors du créneau des jeux vidéo. Si les objets de collection numériques NFT conservent de la valeur de la même manière qu'un objet de collection du monde réel, un tout nouveau monde de collection pourrait bien voir le jour.

Les mécanismes du jeu *CryptoKitties*

Les CryptoKitties sont des chatons numériques à collectionner. Ils peuvent être achetés ou vendus avec de l'ether (ETH), la cryptomonnaie native d'Ethereum. Vous pouvez croiser vos chatons pour en créer de nouveaux avec des traits complètement différents et que l'on pourra juger plus ou moins mignons.

Lors du lancement du jeu *CryptoKitties* en 2017, 50 000 chatons Gen 0 (génération zéro, c'est-à-dire les premiers chatons), appelés Clock Cats, ont été créés avec un smart contract sur la blockchain Ethereum. Un tel smart contract présente sous forme de programme les conditions et termes prédéfinis entre l'acheteur et le vendeur, écrits directement dans le code.

Pour en savoir plus sur les smart contracts, reportez-vous au Chapitre 9.

Les Clock Cats ont été distribués automatiquement *via* un smart contract toutes les quinze minutes. Chaque chaton a été vendu aux enchères.

Chaque CryptoKitty a une apparence unique, avec des caractéristiques bien distinctes. Son phénotype (ensemble des caractères apparents) est déterminé par ses gènes immuables (son génotype) stockés dans le smart contract. À proprement parler, tous les mécanismes de jeu fondamentaux des CryptoKitties sont liés à des smart contracts. En rendant la technologie blockchain ludique, l'équipe à l'origine de *CryptoKitties* a normalisé des concepts auparavant ésotériques et permis aux utilisateurs d'en maîtriser les principes. Vous avez ici la chance d'acquérir les mêmes connaissances.

En vous donnant la possibilité d'élever vos propres chatons, les Kitties ont dépassé le simple état d'objets de collection numériques : ils sont devenus personnels (voir la section « Acheter puis élever votre premier CryptoKitty » en fin de chapitre pour en savoir davantage sur ces drôles de félins numériques). L'équipe qui a conçu *CryptoKitties* a également bâti une communauté autonome où les utilisateurs peuvent créer de nouveaux objets de collection et les échanger sur la blockchain Ethereum.

Installer le wallet MetaMask

MetaMask est un *wallet* (portefeuille) disponible sous forme d'extension de navigateur Web (voir Figure 2.2) et d'application mobile. Il vous permet d'interagir avec la blockchain Ethereum en vous identifiant avec la clé de votre wallet sur des sites d'applications décentralisées (dApp), pour envoyer et recevoir des tokens.

Il existe d'autres wallets que vous pouvez choisir à la place de MetaMask (voir Chapitre 4).

Figure 2.2

Le wallet MetaMask peut être utilisé comme extension de votre navigtateur Web, ce qui rend son usage aisé.

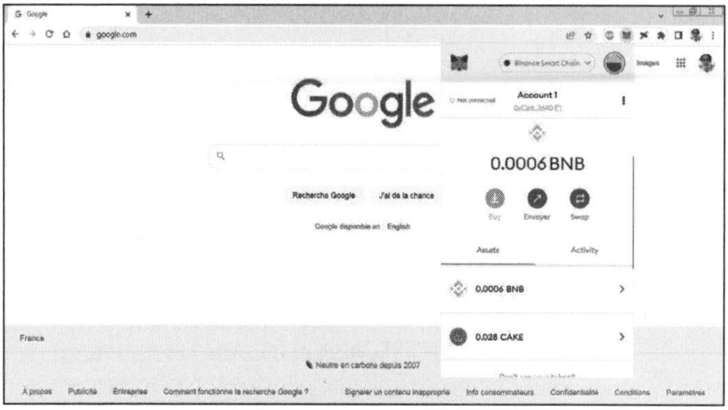

Pour installer un portefeuille MetaMask :

1. **Rendez-vous sur la page `https://metamask.io`.**

   Vous arrivez sur la page d'accueil de MetaMask. Ce wallet fonctionne avec les navigateurs Chrome, Firefox, Brave et Edge. MetaMask est également disponible sous forme d'application pour iPhone et Android. Dans cet exemple, nous utilisons Chrome.

2. **Cliquez sur le bouton Download now (Télécharger) puis sur Install MetaMask for Chrome.**

3. **Dans le Chrome Web Store, cliquez sur Ajouter à Chrome.**

   Lorsque le téléchargement démarre, vous voyez apparaître deux options : importer un wallet existant ou installer un nouveau wallet MetaMask.

4. **Cliquez sur Add a new wallet (Ajouter un nouveau portefeuille).**

   MetaMask vous demande de lui envoyer quelques informations. Cela ne révélera pas votre identité ; l'idée est juste de pouvoir améliorer le service. Vous pouvez ne pas accepter.

5. **Créez un mot de passe.**

Ce mot de passe servira d'accès à MetaMask. Il ne s'agit pas de la phrase secrète de récupération dont nous parlons ci-dessous ni de la clé privée liée à votre wallet.

Vous voyez alors s'afficher un écran avec la fameuse phrase de récupération que nous venons d'évoquer. Ne négligez pas cette section.

6. **Notez cette phrase sur un papier que vous stockerez dans un endroit sûr.**

Cette phrase est cruciale – elle vous sera demandée si jamais vous oubliez votre mot de passe ou vous connectez depuis un autre appareil. Vous pouvez si nécessaire recouvrir cette feuille d'un plastique et la stocker dans un coffre. L'idéal est d'en avoir deux copies, chacune rangée dans un emplacement séparé et secret. Si votre copie de la phrase de récupération comporte la moindre erreur, il sera alors impossible d'accéder à votre wallet et donc à vos fonds.

7. **Sur l'écran, confirmez la phrase de récupération afin que MetaMask sache que vous l'avez notée correctement.**

Une fois cette phrase de récupération confirmée, vous pouvez accéder à votre wallet MetaMask.

L'équipe de MetaMask réalise régulièrement des mises à jour. Pensez à vérifiez ce qu'il en est de temps à autre.

8. **Ouvrez le wallet MetaMask en cliquant sur l'icône correspondante dans le menu de Chrome. Depuis l'icône située en haut et à droite, accédez aux paramètres (Settings) (paramètres). Cliquez sur General et choisissez une devise de conversion ainsi que la devise de référence.**

La devise de conversion sera habituellement l'euro ou le dollar. Pour la devise de référence, vous avez le choix entre ETH (Ethereum) ou FIAT, un terme qui désigne les monnaies traditionnelles comme l'euro. Le montant de vos actifs sera indiqué dans cette devise de référence lorsque vous chargerez votre portefeuille.

9 Choisissez comme langue le français.

La section Paramètres avancés vous permet de réinitialiser le compte, ce qui efface l'historique de vos transactions. Dans la partie Contrôle d'essence avancé, vous pouvez influer sur le *gas* (montant) que vous souhaitez payer aux validateurs de vos transactions. Nous aborderons ce point plus tard.

10 Depuis la page principale du wallet, cliquez sur les trois points à droite, puis sur Détails du compte.

Vous voyez apparaître votre adresse Ethereum et aussi le code QR représentant cette adresse. C'est à cette adresse que vous pourrez envoyer des tokens. Si vous êtes déjà inscrit sur une plateforme de trading, vous pouvez sauter la section « Installer Coinbase » ci-dessous.

Un wallet, comme MetaMask, vous permet de stocker de la cryptomonnaie, tel que de l'ETH (Ethereum). Il est toutefois nécessaire de passer par un exchange (plateforme d'échange) centralisé tel que Coinbase pour convertir des euros (ou autre monnaie traditionnelle) en cryptomonnaie. Ce type d'exchange vous fournit son propre wallet, mais vous pouvez utiliser n'importe quel wallet avec n'importe quel exchange. Par exemple, Coinbase propose une application séparée, appelée Coinbase Wallet, que vous pouvez relier à votre compte Coinbase. Toutefois, vous pouvez utiliser un autre wallet pour accéder à votre compte Coinbase et vous pouvez tout autant vous servir de Coinbase Wallet pour accéder à un autre exchange que Coinbase.

Installer Coinbase

Si vous utilisez déjà un exchange (plateforme de trading), vous pouvez sauter cette section.

Coinbase.com est un exchange fort populaire. Il vous permet notamment de relier votre compte en banque à un compte de cryptomonnaie et d'acheter un grand nombre de tokens – voir Figure 2.3.

Figure 2.3

Avec Coinbase, vous pouvez suivre les évolutions d'une monnaie – comme ici le SOL de Solana sur une année. Dans la partie droite, les boutons Buy et Sell permettent d'acheter ou de vendre cette cryptomonnaie.

Vous devez avoir au moins 18 ans pour pouvoir utiliser Coinbase. Le site vous demandera pour cela de fournir une pièce d'identité. Coinbase vérifiera par ailleurs votre numéro de téléphone par un envoi de SMS.

Créer votre compte Coinbase

La création d'un compte et son maintien sont gratuits. Voici les étapes à suivre pour créer un compte :

1. **Ouvrez le site `www.coinbase.com` depuis un ordinateur ou bien téléchargez et ouvrez l'application Coinbase depuis un téléphone Android ou iOS.**

2. **Cliquez sur Démarrer.**

3. **Indiquez votre nom légal, votre adresse e-mail et un mot de passe.**

   Assurez-vous de noter votre mot de passe et la phrase d'inscription générés pour vous, et stockez-les dans un endroit sûr. La phrase d'inscription consiste en une suite de mots anglais générés de façon aléatoire. C'est votre sésame pour installer

MetaMask sur un autre ordinateur que l'habituel. Si vous la perdez, vous n'aurez plus accès à votre wallet.

4. **Confirmez que vous avez plus de 18 ans, puis cliquez sur Créer un compte.**

5. **Sur la nouvelle page, entrez votre e-mail et votre mot de passe. Coinbase vous demande alors de vérifier votre compte depuis votre boîte de courrier électronique.**

   Vérifiez bien que l'e-mail a été envoyé par `no-reply@coinbase.com`.

6. **Vous pouvez à présent vous connecter à votre compte Coinbase.**

Vérifier votre numéro de téléphone

Une fois que vous avez créé votre compte Coinbase et vérifié votre adresse électronique, vous devez encore vérifier votre numéro de téléphone. Voici la marche à suivre :

1. **Connectez-vous à votre compte Coinbase.**
2. **Indiquez votre pays et votre numéro de téléphone mobile.**
3. **Cliquez sur l'option d'envoi du code ou bien sur Continuer si vous êtes sur votre téléphone mobile.**
4. **Introduisez le code de sept chiffres envoyé par Coinbase sur votre téléphone et confirmez.**

Ajouter vos informations personnelles

Vous devez indiquer à Coinbase des informations d'identité :

1. **Restez dans Coinbase.**

   À présent, Coinbase vous demande de lui soumettre une photo d'identité.

2. **Indiquez vos prénom, nom, date de naissance, adresse et répondez aux questions suivantes :**

- Quel usage comptez-vous faire de Coinbase ?
- Quelle sera la source de vos fonds ?
- Quelle est votre occupation actuelle ?
- Qui est votre employeur ?
- Quels sont les 4 derniers chiffres de votre n° de Sécurité sociale ?

3. **Cliquez sur Continuer pour terminer.**

   Cette étape complète le processus d'identification. Vous devrez attendre jusqu'à la réception d'instructions supplémentaires par e-mail pour savoir si votre compte a été approuvé.

Vérifier votre identité et ajouter votre compte bancaire

Après avoir reçu les instructions mentionnées dans la section précédente, procédez ainsi :

1. **Connectez-vous à votre compte Coinbase.**
2. **Complétez le processus de vérification d'identité.**

Il est fortement recommandé d'installer l'authentification à deux facteurs afin de protéger votre compte contre tout accès non autorisé. À cet effet, Google propose l'application Authenticator, disponible sur App Store et Google Play Store.

Ajouter des fonds à votre wallet MetaMask

Si vous ne l'avez pas encore fait, il vous faut envoyer quelques ETH vers votre wallet MetaMask. Connectez-vous à votre wallet et suivez les étapes suivantes :

1. **Sur la page principale de votre wallet, cliquez sur le bouton Buy.**

   À partir de là, il est possible d'utiliser l'une des options proposées par MetaMask : Wyre, Transak ou Dépôt direct d'Ether.

2. **Sélectionnez Dépôt direct d'Ether, puis Afficher le compte. Copiez l'adresse de votre portefeuille MetaMask.**

3. **Dans Coinbase, sélectionnez Send/Receive puis Send, et envoyez au moins 0,006 ETH vers votre adresse MetaMask, que vous devez coller dans la case To (le destinataire des fonds).**

   Le prix que vous aurez à payer pour cette transaction varie de jour en jour. S'il est trop élevé, vous pouvez choisir un autre moment pour ce transfert. Généralement, le mieux est d'opérer une telle transaction tôt le matin.

4. **Une fois votre portefeuille MetaMask alimenté en ETH, rendez vous sur le site `https://www.cryptokitties.co`.**

   Vous êtes prêt à acheter votre premier CryptoKitty.

Acheter puis élever votre premier CryptoKitty

Le jeu *CryptoKitties* comporte quatre fonctions principales : acheter, élever, engendrer (faire fonction de mâle de saillie auprès d'un chat femelle) et échanger. L'achat est un processus fort simple : vous acquérez le NFT d'un chat numérique.

Une fois que vous possédez le NFT de votre chat, vous pouvez créer un nouveau NFT en élevant votre CryptoKitty. Vous pouvez également l'accoupler (en anglais : *sire*). Nous y reviendrons un peu plus loin. La fonction Offer vous permet de placer des mises sur des chatons qui ne sont pas en vente. Vous pouvez aussi échanger un chat contre un autre si son propriétaire est disposé à opérer cet échange (en anglais : *trade*).

Acheter votre premier CryptoKitty

L'achat est fort simple. Une fois que vous avez alimenté votre portefeuille MetaMask comme indiqué dans la section précédente, il ne vous reste plus qu'à parcourir le catalogue des CryptoKitties.

Les CryptoKitties ne sont pas gratuits, sauf si le propriétaire de l'un de ces NFT se montre prêt à vous l'offrir. Notons que même dans ce cas, il vous faudra un wallet MetaMask pour réaliser la transaction. Habituellement, les CryptoKitties coûtent entre 30 et 100 00 euros – mais vous les achetez en déboursant des ethers (ETH) de votre wallet.

Pour repérer un CryptoKitty, suivez ces étapes :

1. **Une fois votre portefeuille MetaMask alimenté en ETH, rendez-vous sur le site `https://www.cryptokitties.co`.**

   Attention, il s'agit bien de `.co` et non de `.com`. Gare aux sites de phishing !

2. **Sélectionnez Search/For Sale.**

   Les chatons sont classés par ordre de prix. Si ce n'est pas le cas, activez Low to high dans le menu Order.

   À l'heure où sont écrites ces lignes, les prix démarrent à 0,005 ETH (voir Figure 2.4).

3. **Une fois que vous avez repéré un CryptoKitty qui vous plaît, cliquez sur son image, puis sur Buy with ETH.**

4. ***CryptoKitties* se connecte à MetaMask et vous permet de confirmer cet achat depuis votre wallet.**

   Notez qu'il faudra sans doute plusieurs minutes pour que l'achat soit finalisé. Il est nécessaire qu'un mineur valide cette transaction et la place sur la blockchain Ethereum. Notez qu'il va prélever au passage une commission (appelée *gas fee*). Si vous ne disposez pas de suffisamment d'ETH pour couvrir cette commission, il se peut que la transaction échoue.

Figure 2.4

Exploration du catalogue des CryptoKitties, avec un classement par ordre de prix.

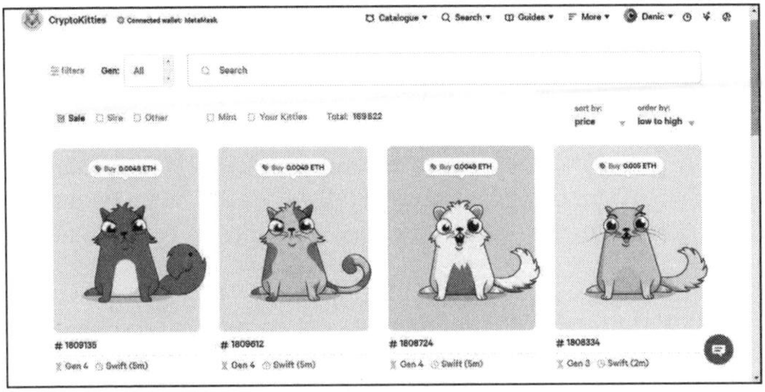

La fonction Offer

Les offres sont une autre façon d'acheter des chatons. Elles vous permettent de placer une offre en ETH sur un CryptoKitty qui n'est pas encore en vente. Une fois qu'une offre a été faite, son propriétaire dispose de trois jours pour l'accepter ou la décliner.

Engendrer de nouveaux CryptoKitties

Vous pouvez également engendrer un nouveau chaton, qui sera la combinaison génétique de ses parents. Dans ce cas, vérifiez bien au préalable le pedigree du chaton que vous achetez. Les possibilités génétiques des CryptoKitties sont illimitées. Toutefois, chaque chaton possède certains *cattributes* déjà visibles – d'autres apparaîtront lors de l'élevage. En connaissant les cattributes de vos chatons, vous pouvez mieux prévoir quelle sera leur progéniture.

Chaque couple de chats est composé d'un mâle (qui assure la fonction de géniteur et devra attendre une certaine période avant un nouvel accouplement) et d'une femelle (qui incube le chaton, période durant laquelle elle ne peut se livrer à un autre accouplement).

Vous pouvez engendrer votre CryptoKitty de deux façons :

» **accoupler deux de vos propres chats ;**

» **accoupler votre chat femelle avec un mâle géniteur (*sire*) ou amener votre chat mâle à jouer le géniteur auprès d'une femelle, le propriétaire de cette dernière devant vous rémunérer en conséquence.**

Le prix à payer pour accoupler deux chats – même s'ils sont deux en votre possession – est de 0,04 ETH au moment où sont écrites ces lignes ; et il a tendance à augmenter au fil du temps.

Bien qu'il soit possible d'accoupler plusieurs fois un CryptoKitty, le temps d'attente entre chaque nouvel accouplement ne cesse d'augmenter. Vérifiez ce qu'il en est avec l'horloge sous l'image de votre CryptoKitty. De même, le temps de gestation d'un chat femelle s'allonge avec le nombre de naissances qu'il engendre.

Les chatons qui vont être engendrés reçoivent un numéro de génération correspondant à la génération la plus haute de deux parents plus un. Si vous accouplez deux CryptoKitties de Gen 4, vous obtiendrez un chaton de Gen 5. Et si vous accouplez un CryptoKitty de Gen 4 avec un autre de Gen 6, vous obtiendrez un chaton de Gen 7.

DANS CE CHAPITRE

Le NFT de 69 millions de dollars de Beeple.

Redéfinition des droits et des transferts de propriété.

Explorer le champ des possibles.

Chapitre 3
Le futur des NFT

Si vous lisez les chapitres de ce livre dans l'ordre, vous avez maintenant une idée assez claire de ce qu'est un NFT (défini au Chapitre 1). Peut-être en avez-vous déjà acheté un (marche à suivre au Chapitre 2). Mais entre le côté adorable des CryptoKitties et le glamour d'un NFT à 69 millions de dollars (60 millions d'euros), l'essence même des NFT peut facilement être oubliée. Un token non fongible, un NFT donc, est simplement un code numérique cryptographiquement sécurisé qui vérifie la propriété d'objets non fongibles (c'est-à-dire uniques).

Ce chapitre couvre le futur potentiel des NFT ainsi que leur importance en termes de droits de propriété. Avant de nous lancer dans ces sujets, analysons le cas du célèbre NFT qui a rapporté 69 346 250 dollars lors de sa vente chez Christie's, afin de comprendre comment ce NFT de l'artiste Beeple a pu atteindre un prix aussi prohibitif. Qu'est donc ce NFT si ce n'est pas de l'art ?

Anatomie d'un NFT à 69 millions de dollars

L'artiste Mike Winkelmann alias Beeple s'est donné pour défi avec son projet *EVERYDAYS* de créer chaque jour une nouvelle œuvre d'art numérique (voir Figure 3.1). Sa cinq-millième œuvre, *EVERYDAYS: THE FIRST 5000 DAYS*, en date du 16 février 2021, a consisté en un assemblage de toutes ses œuvres numériques ainsi créées depuis le début de cette aventure (en mai 2007). Elle a marqué le terme de ce voyage artistique de près de quatorze ans, et Beeple a eu la bonne idée de la mettre aux enchères sous forme de NFT (voir Figure 3.2). Mais que vendait-il réellement ?

Figure 3.1

L'artiste Beeple s'est donné pour défi de créer une nouvelle œuvre numérique chaque jour.

Figure 3.2

Le célèbre NFT de Beeple, *EVERYDAYS: THE FIRST 5000 DAYS*, est devenu la propriété d'un internaute surnommé MetaKovan.

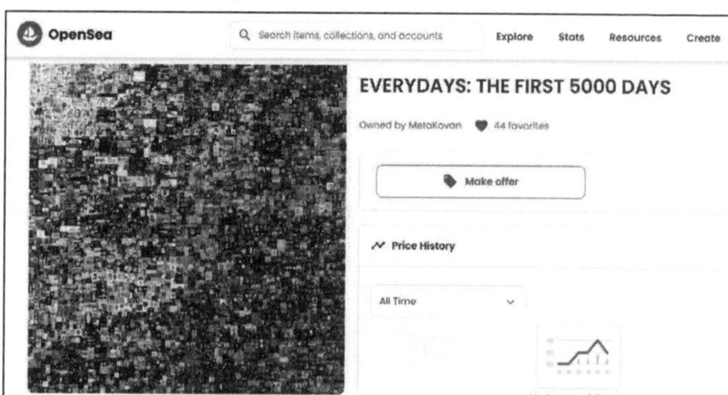

Comme les images numériques sont une matrice de pixels, Beeple a condensé sa création – qui pesait quelque 300 mégaoctets – afin de répondre aux critères de représentation voulus pour un NFT, selon un processus de calcul appelé *hashage*. Le code de hashage a ensuite été inclus dans les métadonnées de l'œuvre *EVERYDAYS: THE FIRST 5000 DAYS*, hashé à nouveau puis stocké dans les métadonnées du NFT de Beeple, à l'adresse `ipfs://ipfs/QmPAg1mjxcEQPPtqsLoEcauVedaeMH81WXDPvPx3VC5zUz`.

Vous remarquerez la mention de `ipfs://` au début de cette adresse. Pour en savoir plus sur le réseau IPFS, consultez l'encadré « Plongée dans le dark web ».

C'est ainsi que l'œuvre d'art numérique de Beeple a été diffusée, avec le token ID 49013 (à l'adresse du smart contract `0x2a46f2ffd99e19a89476e2f62270e0a35bbf0756`).

Ces détails apparaissent dans les journaux d'événements de la transaction, qui révèlent que Beeple a vendu son NFT pour l'équivalent de 69 millions de dollars.

Les détails d'identification correspondants de ce NFT se trouvent sur le site d'enchères de Christie's. Vous pouvez consulter les détails complets de la transaction ici : `https://etherscan.io/tx/0x84760768c527794ede901f97973385bfc1bf2e297f7ed16f523f75412ae772b3`.

Figure 3.3

La vente du NFT de Beeple sur le site d'enchères en ligne de Christie's.

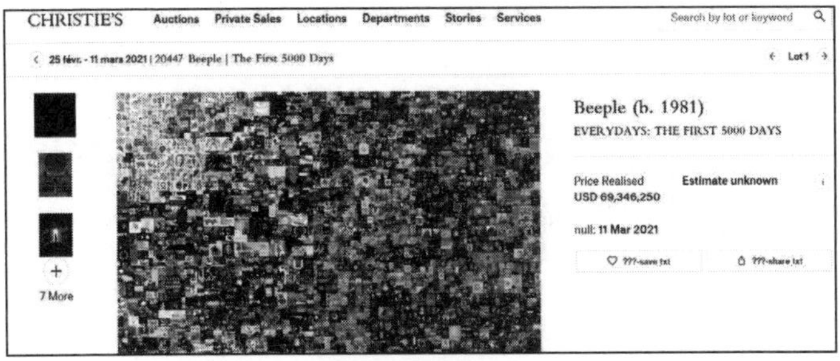

Plongée dans le dark web

IPFS (*InterPlanetary File System*, système de fichiers interplanétaire) fait partie de ce que l'on appelle familièrement le « dark web » ou « darknet ». C'est un réseau de partage de fichiers décentralisé reposant sur un stockage accessible par le contenu plutôt que par l'endroit où l'information est stockée.

La partie `QmPAg1mjxcEQPPtqsLoEcauVedaeMH81WXDPvPx3VC5zUz` du tokenURI (norme permettant de montrer les données des NFT au monde) fournit les métadonnées de contenu dont IPFS a besoin pour identifier les fichiers sur le réseau distribué. Eh oui, Beeple a librement distribué ses œuvres numériques réelles *via* une version moderne de Napster !

Au final, qu'est-ce que le gagnant de l'enchère a réellement acheté ? Un enregistrement de propriété libéré de tout intermédiaire, mais sécurisé, et consigné sur la blockchain Ethereum. À la suite de la vente initiale le 13 mars 2021 à 2 heures 58 minutes par un internaute surnommé mp-escrow, ce NFT a été transféré le même jour à un autre du nom de MetaKovan. Nous pouvons retracer de manière fiable l'histoire de cet élément numérique unique pour vérifier qui le possède maintenant et qui l'a possédé dans le passé.

En sensibilisant le monde à cette technologie prometteuse, Beeple et son meilleur enchérisseur ont jeté les bases de l'avenir des NFT. Vous en saurez davantage au Chapitre 13 sur l'œuvre *EVERYDAYS: THE FIRST 5000 DAYS* et sur neuf autres NFT qui se sont vendus à des prix incroyables.

Redéfinir les droits de propriété

Le suivi de la propriété et des diverses transactions de *CryptoKitties* (ou du NFT de Beeple) ne représente que le commencement de ce que les NFT peuvent offrir. Car les NFT ne concernent pas seulement l'art numérique et les chatons ! Les places de marché qui fonctionnent comme il se doit requièrent des droits de propriété bien définis et exécutoires. Les gens s'en remettent souvent à des intermédiaires de confiance pour servir cet objectif important. Par exemple, ils comptent sur un notaire pour conserver les actes authentiques de vente. Les NFT offrent désormais un moyen désintermédié de mémoriser les transactions et de vérifier la propriété d'un bien.

Les NFT proposent davantage qu'un emplacement sécurisé par cryptographie sur la blockchain, comme dans le cas du NFT de Beeple. À notre époque moderne, le transfert de propriété implique le transfert du droit légal d'utiliser un bien particulier, qu'il s'agisse d'une voiture, d'une maison ou d'une image numérique. Vous connaissez peut-être l'expression « Trouver, c'est garder ». Il est clair qu'elle ne constitue pas une défense juridique face à une accusation de vol. Les NFT répondent parfaitement à la demande en ce sens, en représentant légalement des titres, des actes ou des licences.

De façon générale, les NFT ont le potentiel de retracer de manière fiable les transferts d'enregistrements de propriété *peer-to-peer* (de pair à pair, soit d'un ordinateur à un autre) sans avoir besoin d'un tiers de confiance pour vérifier l'intégrité de ces transactions. Leur capacité à suivre et à valider instantanément la propriété de chaque objet unique les rend particulièrement précieux pour la vérification de la provenance d'un objet unique. Dans le monde réel, il pourrait arriver qu'une telle vérification soit défectueuse ou inadéquate. Dans l'univers des NFT, il en va tout autrement.

Les NFT et la propriété numérique

Le suivi de la propriété numérique était un point de départ naturel pour les NFT. Des objets de collection numériques aux articles de jeu et aux médias numériques, les NFT ont bel et bien le potentiel de démocratiser l'économie des créateurs.

Le problème de la copie de la musique, des films et des livres

Jusqu'à récemment, il fallait acheter sa musique pour pouvoir l'écouter *ad libitum*. La propriété des supports physiques ou numériques achetés, tels qu'un vinyle, un CD ou un fichier MP3, était alors tenue pour acquise.

Malgré la commodité de la musique numérique, il était rassurant à l'origine pour les artistes de savoir que celle-ci résidait sur des supports physiques : si quelqu'un achetait un CD, et s'il donnait ce CD à quelqu'un d'autre, il n'y avait plus accès ensuite. La *doctrine de la première vente* a été promulguée pour établir que les copies physiques peuvent être revendues par l'acheteur sans l'autorisation du détenteur des droits d'auteur de l'œuvre. Et puis on a vu arriver, d'une part, les graveurs de CD et, d'autre part, les formats tels que le MP3. Il est alors apparu que la musique pouvait être copiée et échangée à volonté sans que son auteur ne soit rétribué au passage.

Aujourd'hui, le principe de devoir acheter de la musique pour l'écouter semble faire partie du passé, les services de streaming transcendant la notion d'achat et de téléchargement de musique. Cette situation est venue tout naturellement, dans la mesure où les copies numériques ne se dégradent pas en qualité ; de fait, le Bureau américain du droit d'auteur a hésité à appliquer la doctrine de la première vente aux transmissions numériques. En France, la Sacem signe des accords de licensing multiterritoriaux avec tous les acteurs du numérique, afin de protéger au mieux les droits d'auteurs. Il reste qu'il est possible à quelqu'un de vendre une musique numérique tout en conservant une copie à domicile.

En théorie, si les véritables droits de propriété et d'accès aux supports numériques sont bien établis et facilement vérifiables, alors les ventes et transferts dans le domaine numérique ne devraient pas être différents des ventes et transferts dans le domaine physique. Et d'une certain façon, les NFT pourraient transposer le concept de média détenu (et la doctrine de la première vente) à l'ère numérique, non seulement pour la musique, mais également pour les films et les livres.

Photos et autres œuvres d'art numérique

Sur le marché des images numériques, les NFT peuvent être utilisés pour prouver de manière fiable le droit légal à posséder une photo ou une œuvre d'art numérique particulière. Supposons que vous élaboriez un NFT avec une image numérique qui vous appartient (incluant les informations d'identification du NFT dans ses métadonnées d'image), afin qu'elle puisse enregistrer son propriétaire légitime et ses utilisateurs autorisés... Si cette œuvre d'art est achetée, vous pouvez être certain qu'elle va vous procurer un revenu. Les avantages économiques potentiels pour les artistes et photographes numériques, qui vendent généralement leurs œuvres sur Shutterstock et Getty Images, sont donc énormes.

Les moteurs de recherche d'images sont de plus en plus précis. Ainsi, Google Images, peut repérer sur quels sites un a été utilisé : il suffit de cliquer sur l'icône d'appareil photo pour charger l'image (voir Figure 3.4). Les créateurs de contenu peuvent donc aisément localiser de manière automatisée les utilisateurs non autorisés de leurs œuvres numériques. À présent, les utilisateurs autorisés peuvent valider leur possession légale en utilisant le NFT et les métadonnées de l'image correspondants.

Une personnalité publique peut également utiliser les NFT pour dénoncer un *deepfake* (vidéo ou image dans laquelle une personne est ajoutée ou remplacée grâce à la technologie de *deep learning*, ou apprentissage en profondeur). Imaginez que chaque média numérique légitime de Cécile de France soit un NFT. Les consommateurs pourraient vérifier si une image, un fichier audio ou une vidéo a été modifié, en comparant son hashage avec celui des autres publications de ce fichier avec cette actrice. Dans un État basé sur la confiance, vous pourriez vous reposer sur les autorités centrales pour tenir à jour une liste de hashs de médias valides. Mais dans des régimes instables, un compte de hashs de contenu valides, immuable et désintermédié est essentiel pour que le public puisse croire ce qu'il voit.

Figure 3.4

Un exemple de recherche sur Google Images : le moteur de recherche indique tous les sites dans lesquels cette image est présente.

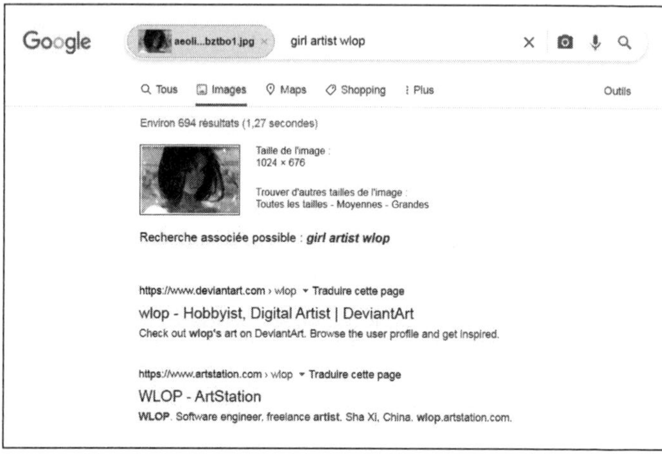

Les objets de jeux vidéo

Avec la popularité des jeux de rôle en ligne comme *EverQuest* et *League of Legends*, il est devenu possible de mettre à profit son activité pour gagner des dollars bien réels, car des joueurs ont commencé à revendre certains objets de valeur (armes, montures, pouvoir magique, *etc.*) acquis dans le jeu. D'autres joueurs voient là un moyen d'accumuler plus rapidement des éléments clés d'un jeu ou de progresser plus vite.

Les joueurs qui souhaitent vendre de tels éléments répertorient leurs possessions sur des places de marché comme eBay ou Player Auctions (voir Figure 3.5). Toute vente est assortie de la promesse de transférer l'objet dans le jeu après paiement (ce qui est en soi un processus un peu risqué).

Les NFT offrent un moyen simple de prouver la propriété des objets et des avatars du jeu et de faciliter les transferts automatiques entre pairs *via* des smart contracts. Imaginez un monde de jeux avec une notion de propriété et un échange d'actifs véritablement démocratisés : les joueurs expérimentés récupèrent une plus grande part de leurs revenus de vente (puisqu'ils ne paient plus par l'intermédiaire d'une plateforme), les joueurs novices paient moins pour obtenir un certain statut et les échanges entre pairs sont instantanés et quasiment sans risque.

Figure 3.5

Un objet de *League of Legends* en vente sur Player Auctions.

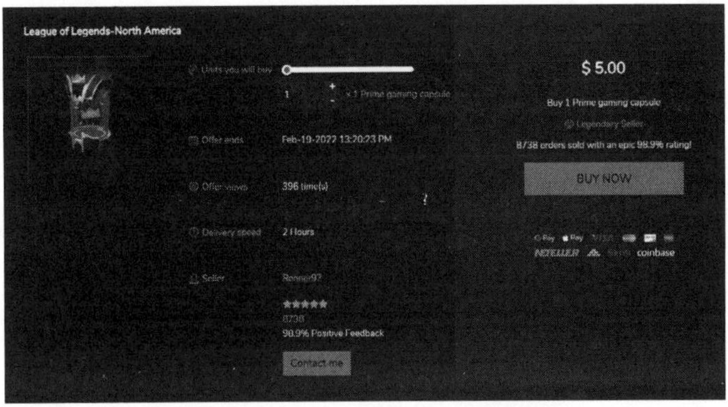

Les NFT et les biens fonciers

De nombreux objets physiques peuvent bénéficier d'un système fiable, transparent et automatisé conçu pour regrouper, organiser et suivre numériquement les biens non fongibles.

Maisons, voitures et animaux de compagnie non virtuels

Imaginez un monde où l'accession à la propriété ainsi que les ventes seraient enregistrées sur une blockchain publique, éliminant ainsi le besoin de recourir aux services d'un notaire.

Imaginez également émettre des tokens non fongibles à la place des titres de vente d'une voiture. Plutôt que de consulter un service comme Odopass pour obtenir l'historique d'un véhicule (voir Figure 3.6), il vous suffirait de consulter la blockchain open source pour retracer la provenance de ladite voiture. Vous seriez en mesure de suivre les changements de propriétaires ainsi que la chronologie des accidents, des états de service et du franchissement des frontières du pays, le tout gratuitement (ou moyennant des frais de transaction minimes).

Figure 3.6

L'application Odopass aide les acheteurs de voitures d'occasion à connaître l'historique détaillé des véhicules qui les intéressent.

L'application *CryptoKitties* a bien démontré comment il était possible de tracer la propriété et la lignée d'un animal numérique, et ce modèle pourrait servir à des animaux du monde réel.

Art, bijoux, vin et autres objets de collection

Le bon vin, la joaillerie de luxe et autres pièces précieuses – articles coûteux et rares – sont en proie à la fraude. Il suffit de penser à l'escroquerie de Rudy Kurniawan, qui a vendu pour des millions de dollars de vin contrefait, faisant passer des mélanges de moindre qualité pour des crus de domaines aussi prestigieux que romanée-conti ou château-mouton-rothschild.

Bien que les NFT ne puissent pas détecter ou résoudre les problèmes de contrefaçon, une inspection experte de la provenance intégrale d'un objet fournira l'assurance désirée.

Élargir le champ des possibles

Depuis les licences de taxi jusqu'aux billets de concerts, tout droit unique et transférable est mûr pour les marchés entre pairs désintermédiés. D'ores et déjà, le domaine de la finance a subi une mutation avec l'arrivée de la DeFi (finance décentralisée), qui a ouvert la voie à des applications de prêt, d'épargne ou d'investissement fort innovantes. Il est donc raisonnable d'envisager une même mutation dans un grand nombre de domaines de la vie courante.

Si vous souhaitez en savoir plus sur la DeFi, le mieux est de lire le livre *Bitcoin et les cryptomonnaies pour les Nuls*, du même éditeur, qui consacre un chapitre entier à cette nouvelle révolution en cours.

Les possibilités sont vastes, extrêmement vastes. En réalité, la grande question serait plutôt de savoir s'il existe une activité qui pourrait échapper au processus des NFT à l'avenir...

Deuxième partie

Acheter et vendre des NFT

Dans cette partie...

Les tenants et les aboutissants de l'achat de NFT.

Les places de marché les plus populaires pour acheter et vendre des NFT.

Créer son propre NFT à partir de zéro et gratuitement.

Répertorier ses NFT à vendre sur les meilleurs marchés.

Élaborer sa stratégie d'investissement en NFT.

Établir un plan fiscal pour ses investissements NFT.

DANS CE CHAPITRE

Configurer et sécuriser son wallet.

•

Réaliser une œuvre d'art numérique originale.

•

Créer un NFT gratuitement.

•

Mettre aux enchères sa collection de NFT.

Chapitre 4

Entrer dans le monde des NFT

Ce chapitre vous prépare au monde des jetons (tokens) non fongibles afin que vous puissiez acheter, créer et vendre des NFT sur plusieurs des plateformes les plus populaires d'Internet. Les NFT créent un nouveau genre de propriété numérique au bénéfice des créateurs. Les artistes et les collectionneurs qui comprennent ce que recouvre la notion de NFT y sont habituellement plus que favorables, notamment parce que les NFT possèdent des propriétés spécifiques qui les rendent précieux à leurs yeux – comme l'impossibilité de les contrefaire. Les NFT permettent de créer des éléments tels que des cartes à collectionner numériques et bien d'autres types de biens numériques.

Dans ce chapitre, vous découvrirez les tenants et les aboutissants du wallet MetaMask, apprendrez à sécuriser votre portefeuille et à utiliser certaines des places de marché NFT les plus connues, comme OpenSea, Nifty Gateway et Rarible. Vous allez également créer et répertorier votre premier NFT gratuitement, en partant de zéro. Enfin, vous en apprendrez davantage sur les NFT en tant que forme d'investissement, et sur les meilleures façons de capitaliser sur les tokens non fongibles au cours des années à venir.

Tout sur l'achat de NFT

Un NFT (*non-fungible token*, token non fongible, c'est-à-dire non remplaçable) est une représentation d'un actif numérique unique. Cette technologie émergente est déjà utilisée par les éditeurs de jeux en ligne. Elle pourrait bientôt devenir la norme pour les objets de collection.

Les tokens non fongibles sont différents des autres formes de contenus numériques. Ils intègrent des certificats fondés sur une blockchain qui indiquent à qui appartient l'objet en question (photo, vidéo ou toute autre forme de média en ligne). Chaque NFT est unique et s'apparente à un objet de collection, en ce sens qu'il ne peut être dupliqué.

Les NFT sont devenus extrêmement populaires à partir de 2020, époque à laquelle des œuvres d'art prestigieuses ont commencé à être vendues de cette façon.

Les premiers NFT à succès

Les chatons numériques à collectionner du jeu *CryptoKitties*, que nous avons abordé en détail au Chapitre 2, ont figuré parmi les tout premiers NFT. Rappelons que *CryptoKitties* est un jeu développé par le studio canadien Dapper Labs et fondé sur la blockchain Ethereum. Il a été à l'origine de la norme ERC-721, qui permet d'acheter, collectionner et vendre des objets virtuels uniques. Si ERC-721 a d'abord servi à l'élevage et à la vente de chats virtuels, la norme s'est étendue depuis au commerce de tous types d'objets numériques.

Le meilleur coup de la NBA

Les tokens non fongibles ont également gagné en notoriété lors du lancement du site web Top Shot par la NBA (*National Basketball Association*). Ce site a permis aux amateurs de basket-ball d'acheter ou d'échanger des NFT d'actions de leurs joueurs préférés de la ligue de basket américaine. Les fans de la NBA sont des supporters enthousiastes : cinq mois après le lancement de Top Shot, la plateforme comptabilisait plus de 100 000 acheteurs pour près de 250 millions de dollars (219 millions d'euros) de ventes. La plupart de ces transactions sont effectuées sur une place de marché peer-to-peer, une redevance sur chaque vente étant reversée à la NBA.

Le fameux *dunk* (geste qui consiste à faire entrer le ballon de basket directement dans le panier adverse en s'accrochant à l'arceau) de LeBron James a été transformé en NFT puis vendu pour 17 200 dollars (15 570 euros). Les fans adorent acheter ces moments emblématiques de la NBA. C'est une façon pour eux de se souvenir des matchs et actions de leurs joueurs préférés. Les NFT ont exploité cet engouement d'une toute nouvelle façon.

Figure 4.1

L'un des exploits du champion de basket américain LeBron James a été vendu 17 200 dollars sous forme de NFT, sur le site Top Shot de la NBA.

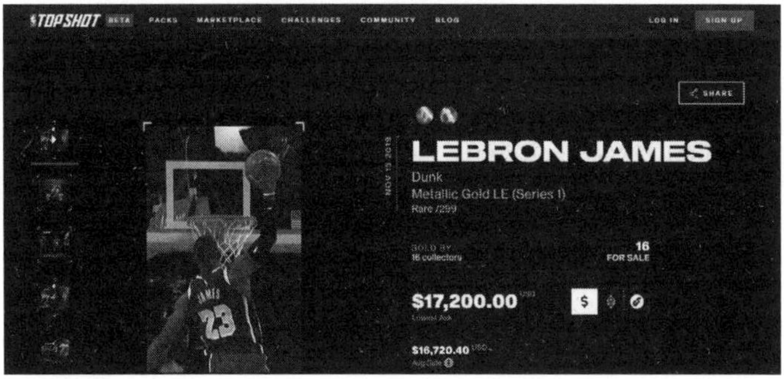

Artistes musicaux

Les NFT se sont également propagés à l'industrie de la musique. L'artiste canadienne Grimes a vendu une collection de dix chansons sur la plateforme Nifty Gateway pour six millions de dollars. L'un de ses morceaux, *Death of the Old*, a été vendu aux enchères sous forme de clip musical pour 388 938 dollars (environ

340 000 euros). Grimes a également vendu en NFT plusieurs centaines d'éditions de deux courts vidéo-clips intitulés *Earth* et *Mars*, à 7 500 dollars l'unité.

Figure 4.2

Le clip *Death of the Old* de l'artiste Grimes s'est vendu 388 938 dollars sur la plateforme Nifty Gateway.

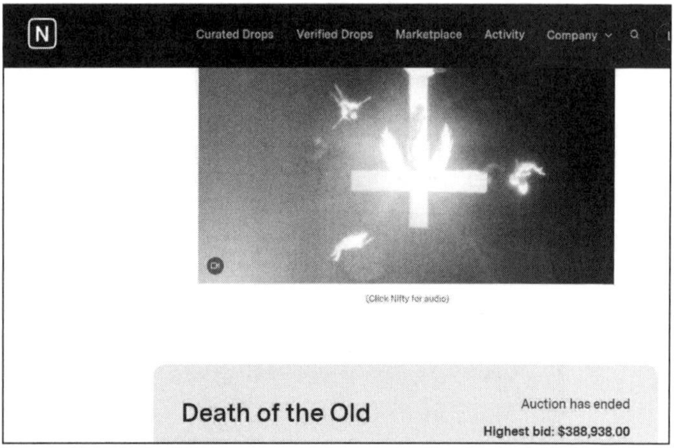

Mèmes Internet

Nyan Cat est un mème célèbre transformé en NFT. Vous vous souvenez certainement de ce gif animé publié sur YouTube en 2011 et montrant un chat avec une pâtisserie rose (pop-tart) en guise d'abdomen, volant dans l'espace et laissant derrière lui des traînées arc-en-ciel, le tout sur une chanson pop japonaise. Lors d'une vente aux enchères en février 2021, le créateur Chris Torres a vendu son édition anniversaire remastérisée de *Nyan Cat* pour 300 ethers (soit environ 525 000 euros).

Figure 4.3

Nyan Cat est un des mèmes les plus célèbres de la culture numérique. Lorsque son créateur Chris Torres a vendu ce gif animé sous forme de NFT, un acheteur a déboursé plus de 300 ethers (environ 525 000 euros) pour l'acquérir.

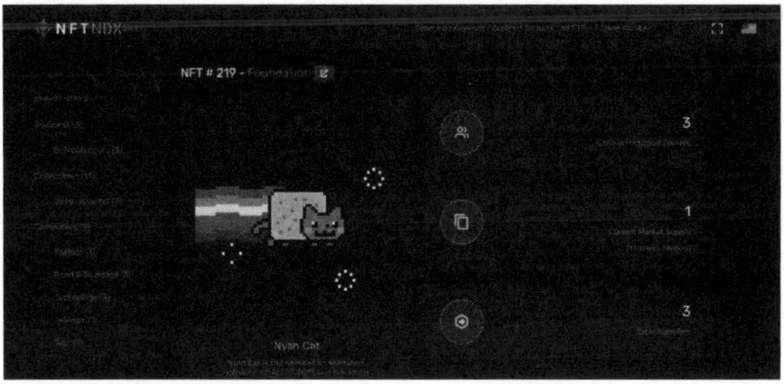

NFT étonnants

Les objets considérés comme des œuvres d'art ne sont pas les seuls à avoir été transformés en NFT. Vous n'auriez peut-être pas pensé qu'un tweet puisse être de l'art, par exemple ; pourtant, Jack Dorsey, le P-DG et fondateur de Twitter, a vendu son premier tweet sous forme de NFT pour la coquette somme de 2,9 millions de dollars. Le tweet (publié le 21 mars 2006) disait : « Je viens de configurer mon twttr ». Certes, on peut s'interroger sur la valeur artistique d'un tel NFT. Il reste que Sina Estavi, le riche homme d'affaires qui l'a acheté, a comparé la valeur de cette acquisition à celle de *La Joconde* !

Les NFT comme investissement

Comme pour n'importe quel investissement, vous devez faire preuve de discernement pour déterminer la valeur de l'œuvre d'art NFT que vous souhaitez acheter.

Nous ne sommes pas conseillers financiers et ne donnerons ici aucun conseil d'investissement.

Les NFT peuvent être évalués de manière à la fois subjective et objective. Dans cette section, nous avons rassemblé quelques éléments à conserver à l'esprit et qui sont liés au *drop* de NFT de valeur, un terme (emprunté à l'industrie de la musique) signifiant « mise sur le marché ».

Le NFT constitue un nouveau type d'actif numérique et les caractéristiques des marchés NFT continueront d'évoluer au fil des ans. Pour résumer, faites toujours preuve de discernement ; achetez des objets que vous aimez et n'investissez jamais une somme d'argent que vous ne pourriez pas vous permettre de perdre.

Notoriété de l'artiste

La popularité de l'artiste avant la mise sur le marché du NFT est ce qui va le plus déterminer sa valeur. Si vous avez déjà entendu parler de cette personnalité, il est probable que d'autres la connaissent également et veuillent aussi posséder une œuvre d'art numérique créée par cet artiste.

Les CryptoPunks sont l'exception qui confirme la règle, parce qu'on ne peut pas dire que leurs créateurs bénéficiaient d'une quelconque popularité pré-NFT. Il arrive que des collectionneurs de NFT les vendent sur OpenSea ou Rarible pour des milliers d'euros en ethers (ETH). Le commerce actif des CryptoPunks crée de fait un prix plancher qui peut vous donner une bonne idée de la valeur que le marché leur détermine à tout moment.

Les CryptoPunks ont également constitué l'un des premiers projets NFT. L'ancienneté et la rareté d'un NFT augmentent sa valeur. De nombreux NFT de 2017, comme les CryptoKitties et les CryptoPunks, ont atteint des prix impressionnants aux enchères.

Sécurité de la blockchain

Quand on parle de NFT, la question de la sécurité revient toujours sur le tapis. Les NFT ont suscité l'intérêt précisément parce qu'ils sont qualifiés d'immuables et à l'épreuve de la fraude. De plus, vous pouvez les posséder de manière souveraine, sans dépendre d'un système centralisé pour assurer leur existence et leur sécurité (cette sécurité étant apportée par la blockchain). Ethereum est devenu l'un des réseaux les plus prisés pour la protection des NFT, car c'est l'un des moyens les plus anciens et les plus sûrs de créer et de sécuriser les NFT. En évaluant la blockchain d'un NFT, vous devez tenir compte de la décentralisation de celle-ci et déterminer si elle a de l'endurance – en d'autres termes, si elle conservera sa popularité dans le temps.

Les NFT ne sont pas tous codés de façon entière sur une chaîne. Les données utilisées pour produire l'œuvre d'art numérique sont certes stockées sur la blockchain. Étant donné que le stockage des données peut être coûteux sur un réseau tel que Ethereum, les artistes stockent souvent les références d'enregistrement du NFT sur un service cloud tiers comme AWS. Quelques NFT, comme Avastars, Aavegotchis et Art Blocks, sont hébergés dans leur totalité sur Ethereum.

Les risques d'un wallet tel que MetaMask

MetaMask est un *wallet* (un portefeuille dynamique), soit un outil connecté à Internet qui vous permet de stocker, de recevoir et d'envoyer des ethers et des tokens.

Il existe deux sortes de wallets :

» Le *cold wallet* (parfois appelé « portefeuille matériel » ou « portefeuille hors ligne »). Il n'est pas connecté à Internet et contient votre clé privée ou identifiant sur un support physique tel qu'une feuille de papier ou une clé USB.

» Le *hot wallet*. C'est un logiciel, connecté à Internet. Tous les portefeuilles en ligne sont des hot wallets ; dans l'absolu, ce n'est pas forcément la méthode la plus sûre pour conserver ses cryptomonnaies. Toutefois, si vous agissez avec prudence, le risque est extrêmement faible. Par exemple, si vous conservez votre clé privée sur une feuille de papier stockée dans un endroit sûr connu de vous seul, le risque de vous faire dérober ce sésame est extrêmement ténu.

Au moment d'écrire ces lignes, MetaMask n'a subi aucun piratage majeur. Comme d'autres wallets, MetaMask commence par générer une structure d'adresses privées et publiques propre à votre wallet. Vous n'avez donc pas à générer manuellement ces paires pour les sauvegardes.

MetaMask dispose d'une communauté active de développeurs qui met régulièrement à jour sa base de codes.

Le principal risque auquel vous pouvez être confronté en utilisant MetaMask provient des attaques de hameçonnage (*phishing*) dans lesquelles un escroc vous envoie un message frauduleux pour vous inciter à révéler vos mot de passe et nom d'utilisateur.

Les attaques de hameçonnage sont courantes. Le mot de passe ainsi que la phrase de récupération de votre wallet sont la cible visée. Ne donnez jamais, en aucune circonstance, accès à votre mot de passe ou à votre phrase secrète à qui que ce soit. Vous pouvez prévenir les attaques de phishing en évitant religieusement d'ouvrir ou de cliquer sur ces éléments :

- **publicités dans des pop-up ;**
- **e-mails suspects ;**
- **liens dans des publicités ou des e-mails suspects.**

MetaMask vous permet également de gérer votre identité en ligne. Lorsqu'une dApp (application décentralisée) veut exécuter une transaction et écrire une transaction dans la blockchain Ethereum, MetaMask vous sert d'interface sécurisée.

Cela étant dit, la sécurité du wallet MetaMask n'autorise pas d'y conserver des sommes importantes. La règle d'or est de ne laisser dans ce wallet que l'équivalent du montant que vous garderiez dans votre propre portefeuille ou sac à main. Si vous devez stocker plus de tokens, envisagez plutôt un cold wallet, comme Trezor ou Ledger. Achetez le cold wallet directement auprès du fabricant. Attention, dans certaines arnaques récentes sur Amazon, les appareils étaient compromis avant d'être envoyés à l'acheteur.

MetaMask n'est pas le seul hot wallet du marché. Nous l'avons choisi pour ce livre car il a fait ses preuves depuis quelques années déjà. Il existe de nombreux autres wallets que vous voudrez peut-être découvrir, tels que Exodus et Jaxx. Ils sont également gratuits et fonctionnent aussi bien.

Le pour et le contre des hot wallets

MetaMask est utile pour ceux qui commencent tout juste à utiliser la blockchain et les NFT.

Cette liste met en évidence les avantages de MetaMask :

» **Open source.** C'est un logiciel open source qui est constamment mis à jour. La communauté de développement qui contribue à MetaMask ne cesse d'améliorer le logiciel et de le rendre plus simple et plus sûr.

» **Paramètres.** Les réglages de votre wallet MetaMask reposent sur un système éprouvé (hiérarchique et déterministe pour ceux qui ont la curiosité des termes techniques). Retenez juste que ce système rend aisée la sauvegarde de votre wallet.

» **Intégration.** Il a été intégré à d'autres applications utiles, telles que ShapeShift et Coinbase, qui sont des plateformes d'échange et de gestion de cryptomonnaie. Pour en savoir plus sur Coinbase, reportez-vous au Chapitre 2.

Et voici les inconvénients :

» **Niveau de sécurité.** Comme tous les hot wallets, MetaMask ne dispose pas d'un niveau de sécurité absolu.

» **Accès à vos informations.** MetaMask a un accès (limité) à certaines de vos informations, ce qui peut déplaire à certains.

L'équipe de MetaMask a parcouru un long chemin depuis le lancement du produit en 2016 ; son travail a rendu l'accès à la blockchain Ethereum facile, fiable et sécurisé. Le plus gros problème avec MetaMask est aussi ce qui le rend si utile : c'est un portefeuille web.

Il ne sera jamais aussi sécurisé qu'un cold wallet (portefeuille physique). Lorsque vous ajoutez MetaMask à votre navigateur, vous êtes invité à mettre à jour vos paramètres en approuvant un message qui dit en gros ceci : « Lisez et modifiez toutes vos données sur les sites web que vous visitez ». Les applications décentralisées (ou dApps), telles que les sites web NFT auxquels il sera fait référence plus loin dans ce chapitre, accèdent à une blockchain *via* MetaMask. Afin d'être opérationnel, MetaMask a besoin d'injecter du code écrit en JavaScript Web3 dans chacune de ces pages. Cela ne modifie pas le site web. Cette opération vous permet d'accéder en même temps au site web visité et à la blockchain concernée.

Utiliser un wallet MetaMask

MetaMask est le plus connu des wallets crypto. De ce fait, il est possible de l'installer sur un grand nombre de navigateurs Internet. Nous allons voir ici comment paramétrer votre nouveau wallet, le protéger et y ajouter des fonds.

Les créateurs de MetaMask ont souhaité créer un wallet qui soit à la fois simple d'usage et sécurisé. De plus, ils ont souhaité que les utilisateurs puissent interagir avec des sites Web3 tels qu'OpenSea (voir plus loin).

Considérez le Web3 ou Web 3.0 comme une tentative sur le long terme de rendre Internet plus intelligent et plus connecté.

MetaMask gère votre compte et le connecte à la blockchain Ethereum. Il est en mesure de se connecter à d'autres blockchains, mais dans le cadre de ce livre, nous nous en tenons à Ethereum.

MetaMask facilite la connexion aux sites Web qui gèrent la connexion à ce wallet. Vous pouvez donc exécuter des dApps (applications décentralisées) directement depuis votre navigateur sans avoir à vous soucier de la complexité des transactions Ethereum. Avant l'apparition de MetaMask, il était nécesssaire de télécharger la blockchain Ethereum complète et de la synchroniser depuis votre ordinateur – une tâche qui n'est pas à la portée de tout le monde.

Installation de MetaMask

Si vous n'avez pas installé le wallet MetaMask afin de pouvoir acquérir un CryptoKitty, lors du Chapitre 2, il va falloir le faire à présent. Nous vous expliquons ici comment installer MetaMask dans les navigateurs les plus répandus du marché, Chrome et Firefox.

MetaMask ne fonctionne pas avec le navigateur Safari des ordinateurs Mac. Si vous souhaitez l'utiliser sur un tel ordinateur, il faudra en premier lieu télécharger un navigateur adéquat tel que Chrome, Firefox, Edge ou Brave.

MetaMask pour Chrome

Ouvrez Google Chrome et procédez comme suit :

1. **Allez sur la page `https://metamask.io`.**

2. **Cliquez sur le bouton Download now (télécharger).**

3. **Chrome est sélectionné par défaut. Cliquez sur Install MetaMask for Chrome.**

4. **Vous êtes redirigé vers Chrome Web Store (la boutique Chrome), sur la page de l'extension MetaMask. Cliquez sur Ajouter à Chrome.**

Et voilà ! Peu après, une petite icône propre à MetaMask (avec une tête de renard) apparaît sur la barre supérieure droite de votre navigateur. Pour ouvrir MetaMask, il suffit de cliquer sur cette icône.

Figure 4.4

Installation de MetaMask dans le navigateur Chrome.

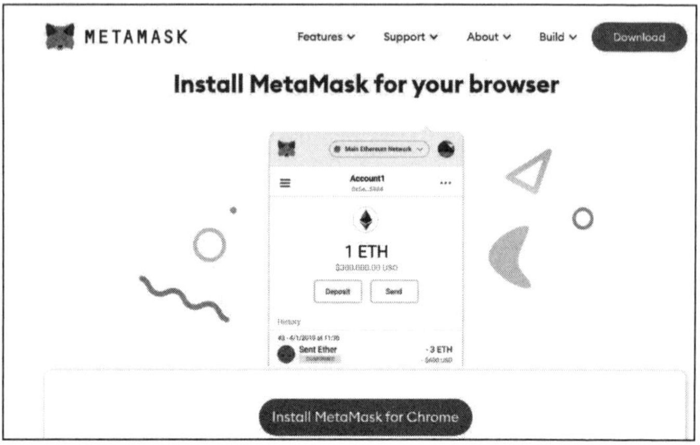

MetaMask pour Firefox

Pour installer MetaMask dans Firefox, ouvrez Firefox et suivez ces étapes :

1. **Allez sur la page `https://metamask.io`.**
2. **Cliquez sur le bouton Download now (télécharger).**
3. **Firefox est sélectionné par défaut. Cliquez sur Install MetaMask for Firefox.**
4. **Vous vous retrouvez dans la boutique des Add-ons Firefox. Cliquez sur Add (ajouter).**

Une petite icône avec une tête de renard apparaît dans la partie supérieure droite de Firefox. Pour ouvrir MetaMask, il suffit de cliquer sur cette icône.

Entrons dans le vif du sujet

Dans les exemples qui suivent, nous vous invitons à acheter un ou plusieurs NFT sur une plateforme telle qu'OpenSea. Étant donné que cet achat a essentiellement une valeur didactique, le mieux sera de trouver un NFT vendu extrêmement peu cher – quelques dizaines d'euros par exemple (voir Figure 4.5).

Figure 4.5

Un grand nombre de NFT sont vendus à des prix peu élevés, comme ce Meta Cowboy proposé pour l'équivalent d'une trentaine d'euros. Il est donc aisé en soi d'entrer en possession d'un NFT.

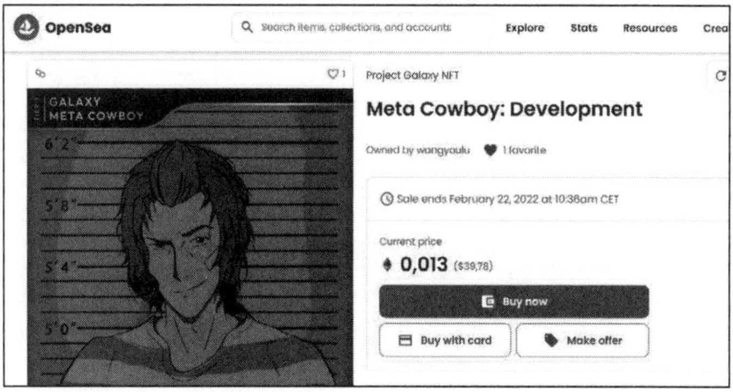

Vous n'êtes pas tenu de faire un tel achat, mais cela peut fortement vous aider à mieux comprendre la façon dont fonctionnent les plateformes de vente de NFT.

Nous vous invitons aussi à créer votre propre NFT. Or, si vous souhaitez vendre ce NFT, il vous faudra payer des frais (en anglais, *gas fee*) car cette opération devra être validée officiellement par un *mineur*, c'est-à-dire un individu qui procède aux opérations nécessaires pour que votre NFT soit inscrit une fois pour toutes sur la blockchain Ethereum.

Ainsi, il va être nécessaire, si vous souhaitez vous familiariser davantage avec les pratiques liées aux NFT, d'alimenter votre portefeuille MetaMask avec plusieurs dizaines d'euros.

Acheter de l'ether

Si votre portefeuille MetaMask ne contient pas déjà des ethers (ou ETH), il est nécessaire de l'alimenter avec un peu de cette monnaie. Normalement, si vous avez suivi les étapes du Chapitre 2, vous avez procédé au transfert d'ethers depuis votre compte Coinbase vers votre wallet MetaMask.

Si vous ne l'avez pas fait, il vous faut installer Coinbase comme indiqué au Chapitre 2, alimenter votre compte avec au moins quelques dizaines d'euros, qui seront convertis en ethers puis transférer ces ethers vers votre wallet MetaMask.

Idéalement, il serait bon que votre portefeuille contienne au moins 0,02 ETH, car le prix plancher des NFT est habituellement de 0,01 ETH (une trentaine d'euros au moment où sont écrites ces lignes). Toutefois, il faut prendre en compte les frais prélevés par les mineurs lors d'un achat.

Figure 4.6

Votre portefeuille MetaMask doit avoir été alimenté avec quelques ETH. Dans cet exemple, le portefeuille contient 0,01 ETH, soit l'équivalent d'une trentaine d'euros au moment où cette capture d'écran a été prise.

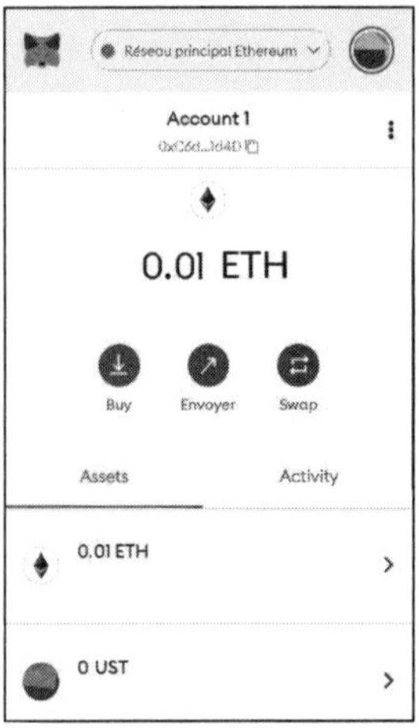

Il est possible d'acheter des ethers directement depuis MetaMask en effectuant un transfert bancaire avec les services Wyre ou Transak, entre autres. Ces services sont accessibles par le bouton Buy de MetaMask. Pourtant, malgré de très nombreux essais, à l'heure où sont écrites ces lignes, nous n'avons pas réussi à effectuer de tels transferts, une situation apparemment due à la politique, par défaut restrictive, de certaines banques françaises vis-à-vis des virements vers des comptes de cryptomonnaies.

Qui plus est, le fait de tenter un virement direct depuis Wyre vers MetaMask a même bloqué la capacité de transfert d'euros vers des plateformes pourtant confirmées telles que Coinbase et Binance – alors que ces transferts fonctionnaient sans souci avant de tenter un virement Wyre. Renseignements pris, il est apparu que les transfert *via* Wyre étaient considérés comme suspects par le système bancaire classique. Il semble donc préférable, si vos virements vers Coinbase ont fonctionné sans encombre, de procéder avec cette plateforme et de transférer dans un deuxième temps vos ETH depuis Coinbase vers votre wallet MetaMask.

Les transactions sur la blockchain ETH sont souvent extrêmement coûteuses en *gas fees* (frais prélevés par le mineur qui valide votre transaction). Pour cette raison, il est vivement conseillé d'utiliser plutôt la blockchain Polygon avec son token MATIC. La manœuvre à effectuer est similaire à celle de l'achat de ETH depuis Coinbase. À la place de ETH, procédez à l'achat de MATIC pour une somme d'environ 35 euros puis transférez ces MATIC depuis Coinbase vers votre wallet MetaMask (en prenant soin de sélectionner la blockchain Matic Mainnet à la place de Réseau Principal Ethereum dans le menu déroulant en haut de MetaMask). Lorsqu'il sera nécessaire d'acheter ou de vendre des NFT, si jamais ceux-ci sont compatibles avec la blockchain MATIC, vous paierez des gas fees extrêmement réduits.

La plateforme OpenSea est compatible avec la blockchain MATIC.

Exploration des places de marché de NFT

Il existe tellement de plateformes ou places de marché de NFT qu'il est facile de se perdre lorsque l'on souhaite acheter, créer et vendre des NFT. Dans le cadre de ce chapitre, nous avons donc choisi de nous concentrer sur trois des principales plateformes : OpenSea, Nifty Gateway et Rarible.

OpenSea

La plateforme la plus couramment utilisée pour la vente de NFT est OpenSea. Elle accueille des pièces de collection, de l'art numérique, des accessoires de jeux vidéo, des noms de domaines et autres sortes d'objets numériques. Le point commun de chacun de ces éléments est qu'ils sont inscrits dans une blockchain. OpenSea facilite l'achat, la vente, la création ou le transfert de NFT, mais aussi l'exploration d'un immense catalogue qui ne cesse de croître au fil des jours.

OpenSea a été créée par Devin Finzer et Alex Attalah en 2017. Auparavant, Finzer avait étudié l'informatique à la Brown University et travaillé pour de grandes sociétés de haute technologie comme Google. Il se trouvait donc aux premières loges pour exploiter le filon des nouvelles technologies favorisées par l'émergence de la blockchain.

Les créateurs de NFT ont rapidement adopté la place de marché OpenSea, car elle intègre des outils fort simples d'utilisation.

Les principaux standards de tokens

Il existe de nombreux standards de tokens conformes à Ethereum. Toutefois, il n'est réellement utile de connaître que trois d'entre eux :

ERC-20. C'est le standard conforme à la norme Ethereum. Les tokens ERC-20 sont fongibles et ne sont donc pas des NFT. SHIB (Shiba), REP (Augur) ou USDT (Tether) sont des exemples de tokens élaborés sur la blockchain Ethereum conformément à ERC-20.

ERC-721. La norme qui a défini les NFT. Chaque token créé selon cette norme est unique et non fongible, ce qui signifie qu'il n'est aucunement interchangeable.

ERC-1155. Un standard de token qui permet la création de tokens aussi bien fongibles que non fongibles : cartes, animaux domestiques, accessoires de jeux vidéo... Plus complexe que ERC-20, ERC-1155 autorise la création d'un smart contract à même de représenter plusieurs tokens.

ERC-1155 a été créé afin de gérer les frais en relation avec la blockchain Ethereum. Plutôt que d'avoir à déployer un nouveau contrat pour chaque nouveau type de token avec ERC-721, ERC-1155 permet d'utiliser un seul contrat pour représenter plusieurs tokens, ce qui réduit les coûts et la complexité de l'opération.

La page d'accueil d'OpenSea

Il est aisé d'acheter des NFT sur OpenSea dès lors que vous disposez d'un wallet MetaMask et que ce wallet est alimenté en ETH.

Le site OpenSea est accessible à cette adresse : `https://opensea.io`.

Il est possible d'explorer les catégories d'OpenSea depuis le menu Explore (voir Figure 4.7) : art, objets de collection (Collectibles), noms de domaines, musique, photographie...

Figure 4.7

OpenSea est la plus connue des plateformes de vente de NFT. Son menu Explore donne accès aux diverses catégories d'oeuvres mises en vente.

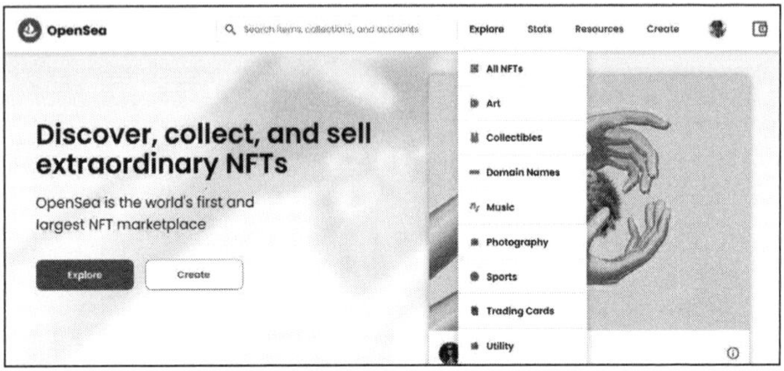

Connecter OpenSea à votre wallet MetaMask

La toute première étape à accomplir consiste à relier OpenSea à votre wallet MetaMask :

1. **Ouvrez `https://opensea.io`.**
2. **Dans le menu situé en haut et à droite, vous pouvez apercevoir, à droite de la mention Create, une icône symbolisant un personnage. Cliquez dessus.**
3. **Une liste des wallets s'affiche (voir Figure 4.8).**

Figure 4.8

Connexion d'OpenSea et de votre wallet MetaMask.

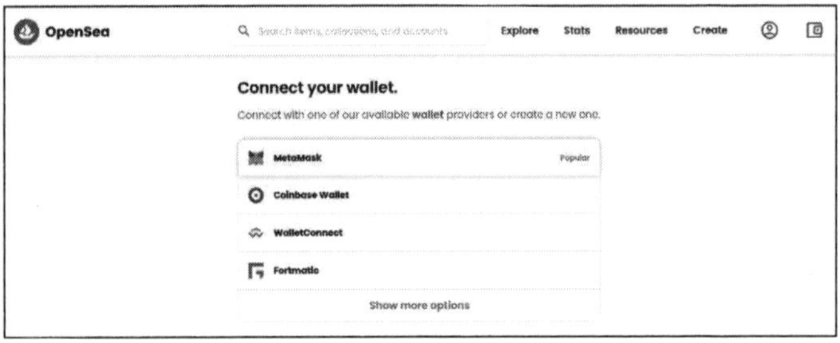

❹ **Choisissez MetaMask.**

❺ **La fenêtre MetaMask se charge. Il sera probablement nécessaire de taper votre mot de passe d'accès à MetaMask.**

❻ **Confirmez que vous souhaitez bien établir une connexion avec OpenSea.**

À présent, vous pouvez opérer des achats et des ventes depuis OpenSea. À chaque transaction de ce type, MetaMask sera automatiquement chargé et proposera de la réaliser de façon effective.

Acheter des NFT sur OpenSea

Pour trouver un NFT à acheter, suivez ces étapes :

❶ **Depuis le menu Explore, choisissez Art.**

Vous voyez apparaître plusieurs millions d'œuvres d'art numériques (voir Figure 4.9). Si vous connaissez le nom d'un créateur ou d'une collection, vous pouvez le taper dans la barre de recherche et voir quels NFT sont proposés. Par exemple, si vous tapez « danicart », vous pouvez voir des NFT proposés par cet artiste français, par ailleurs adaptateur de ce livre.

Figure 4.9

Le catalogue d'OpenSea contient des millions d'œuvres numériques.

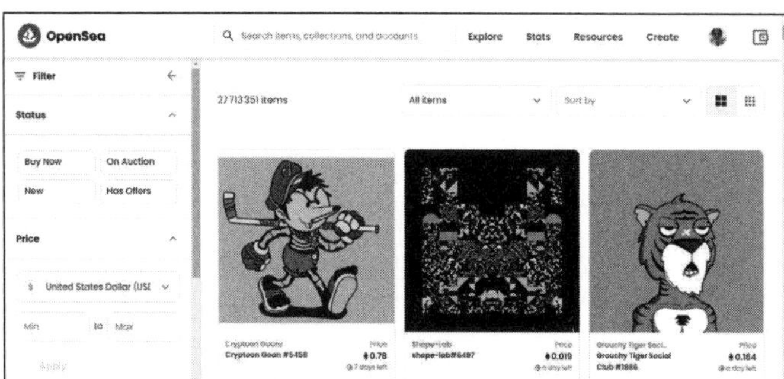

2 Cliquez sur un NFT.

Vous pouvez voir plus d'informations à son sujet : sa description, son prix de vente actuel, sa date de création, son historique de vente, *etc.*

3 Si vous repérez un NFT qui vous intéresse sur l'une des pages que vous visitez, vous pouvez cliquer sur Buy pour l'acheter.

Votre wallet MetaMask est chargé et vous permet d'effectuer la transaction.

Une fois que vous avez acheté le NFT, il est associé à l'adresse de votre wallet MetaMask sur la page correspondante d'OpenSea, avec le montant auquel vous l'avez acheté.

Créer votre propre NFT sur OpenSea

Créer une collection de NFT sur OpenSea et y intégrer vos propres NFT est simple. Nous allons voir ici comment procéder.

Vous pouvez utiliser un outil tel que Sketchpad (`https://sketchpad.app/fr/`) pour créer une œuvre numérique. Vous pouvez aussi choisir une photo que vous avez prise, une vidéo que vous avez créée, un morceau de musique, *etc.*

OpenSea accepte les principaux formats de fichiers : JPG, PNG, GIF pour les images, SVG pour les graphismes vectoriels, MP4 et WEBM pour les vidéos et aussi d'autres formats comme OGG, GLB, GLTF.

Il importe de prendre en compte que la taille maximale de fichier acceptée par OpenSea – au moment où sont écrites ces lignes – est 100 Mo.

Donnez un nom explicite au fichier que vous avez créé et placez-le dans un dossier qu'il sera aisé de retrouver sur votre disque dur.

Une fois cette opération effectuée :

1. **Allez sur `opensea.io`.**

2. **Cliquez sur l'icône de Profil puis sur My Collections.**

   Si votre wallet MetaMask n'a pas été chargé automatiquement, connectez-vous à votre wallet, comme nous l'avons fait précédemment. Rappelons-le : votre wallet constitue votre identité sur OpenSea.

3. **Cliquez sur Create a collection.**

   Donnez un nom à votre collection ainsi qu'une description.

   Si vous le souhaitez, vous pouvez charger un visuel représentant votre collection et une bannière en cliquant sur le crayon situé tout en haut (voir Figure 4.10). Suivez les instructions données par OpenSea pour ce qui est de la taille de ces images.

Figure 4.10

Votre collection sur OpenSea devrait idéalement comporter une photographie et une belle bannière. Le bouton Add item vous permet d'ajouter des éléments à votre collection.

Et voilà ! À présent, vous disposez d'une collection sur OpenSea. Voici les étapes à suivre pour ajouter un élément à cette collection.

1. **Depuis la page de votre collection, cliquez sur Add item (voir figure 4.10).**

   Vous vous retrouvez sur une nouvelle page depuis laquelle vous êtes invité à charger votre œuvre d'art.

2. **Chargez l'œuvre que vous souhaitez ajouter à votre collection depuis votre ordinateur.**

3. **Fournissez les informations demandées : nom de l'œuvre, description, *etc.***

   Si l'œuvre que vous chargez est une vidéo, OpenSea vous invite à en charger une miniature (voir Figure 4.11).

4. **Au bas de la page, l'option Supply vous permet de définir combien de copies de cette œuvre vous souhaitez vendre. Par défaut, la valeur est de 1.**

   Étant donné que la rareté fait partie des points intéressants d'un NFT, il est peu conseillé de choisir un nombre particulièrement élevé.

5. **OpenSea propose par défaut la blockchain Ethereum. Si jamais vous avez chargé votre wallet avec des MATIC (blockchain Polygon), vous pouvez sélectionner cette blockchain, ce qui réduira fortement vos frais de validation de transactions.**

6. **Pour finaliser l'opération, cliquez sur le bouton Create.**

Bravo : vous avez mis en ligne votre premier NFT ! Il faut parfois attendre quelques minutes avant qu'il n'apparaisse dans votre collection, donc soyez patient.

Si vous le souhaitez, vous pouvez mettre en vente votre œuvre : cliquez dessus puis sur Sell. Choisissez un prix en ETH – il est sans doute préférable de ne pas être trop gourmand au début et de choisir un prix raisonnable situé, par exemple, entre 0,01 et 0,2 ETH.

Figure 4.11

Chargement d'une œuvre numérique sur OpenSea.

Si vous opérez sur la blockchain Ethereum, vous pouvez choisir entre deux formules :

- **Fixed price (prix fixe).** Vous définissez ensuite le prix auquel vous souhaitez vendre l'œuvre.
- **Timed auction (enchère sur une certaine durée).** Vous définissez alors un prix de départ.

Choisissez la durée durant laquelle vous souhaitez vendre votre œuvre. Cliquez enfin sur Complete Listing.

La transaction va être effectuée *via* MetaMask et vous devrez la confirmer.

Comme vous pourrez le constater lors de la vente d'un de vos NFT, si celui-ci a été créé sur la blockchain MetaMask, les gas fees peuvent alors être très élevés – l'équivalent de plusieurs dizaines d'euros juste pour mettre en vente un NFT. Pour cette raison, vous pourrez préférer créer vos NFT sur la blockchain Polygon afin d'éviter de tels frais.

Figure 4.12

Mise en vente d'un NFT : vous pouvez choisir un prix fixe ou une enchère avec un prix de départ (ici égal à 0,1 ETH).

Nifty Gateway

Nifty Gateway se présente comme une plateforme de vente aux enchères d'œuvres numériques de premier choix.

Des artistes de renom comme Beeple, Grimes ou Billelis y ont vendu leurs œuvres. Un partenariat avec Sotheby's a contribué à positionner Nifty Gateway comme une plateforme de premier plan pour les collectionneurs de NFT.

Mise en ligne de NFT sur Nifty Gateway

Il est aisé, sur Nifty Gateway, d'acheter des NFT, à partir d'une simple carte de crédit, alors que la plupart des autres plateformes nécessitent l'usage d'une cryptomonnaie telle que ETH. Nifty Gateway donne également accès à des NFT de jeux crypto fort populaires tels que *CryptoKitties* et *Gods Unchained.*

Une caractéristique intéressante de Nifty Gateway est celle des *drops*, un moment spécifique où un artiste met en ligne un nombre limité d'œuvres numériques. C'est ainsi que l'artiste Grimes a publié la collection de NFT « WarNymph » en collaboration avec Mac Boucher (voir Figure 4.13), qui s'est vendue en quelques minutes.

Figure 4.13

L'un des NFT de la collection « WarNymph » de Grimes et Mac Boucher a été vendu 111 000 dollars sur Nifty Gateway.

Si les drops sont devenus si populaires, c'est parce qu'ils ne permettent pas seulement de voir les nouvelles œuvres d'artistes majeur, mais qu'ils mettent aussi l'accent sur leur revente.

Créer un compte sur Nifty Gateway

Pour créer un compte sur Nifty Gateway :

1. **Allez sur la page `https://niftygateway.com`.**

2. **Cliquez sur le bouton Sign up (s'inscrire).**

3. **Indiquez les informations demandées et cliquez sur Sign up.**

   Nifty Gateway vous adresse un e-mail de confirmation.

Trouver un NFT à acheter est simple. Il faut toutefois distinguer deux types de drops sur Nifty Gateway :

» **Verified.** Lorsqu'un projet a été vérifié, cela signifie qu'il a subi une procédure d'authentification et qu'il respecte les critères d'exigence de Nifty Gateway.

» **Curated.** Cela signifie qu'un projet de drop a directement été retenu par Nifty Gateway.

Acheter un NFT sur Nifty Gateway

Pour trouver un NFT à aquérir :

1. **Allez sur la page `https://niftygateway.com`.**
2. **Cliquez sur Marketplace.**

   Dans le menu vertical à gauche, activez On Sale afin d'afficher les projets en vente. Activez Verified et Curated si vous souhaitez afficher ces deux types de NFT. Vous pouvez définir une gamme de prix conforme à ce que vous êtes prêt à débourser (voir Figure 4.14).

3. **Cliquez sur Apply afin de faire apparaître les NFT correspondants.**
4. **Si un NFT vous intéresse, cliquez dessus et faites une offre en cliquant sur Make Global Offer.**
5. **Indiquez le montant que vous souhaitez offrir. Il est alors possible de régler par carte de crédit.**

   Le propriétaire du NFT pourra alors choisir de valider ou non votre offre.

Figure 4.14

Œuvres vendues à moins de 100 dollars sur Nifty Gateway.

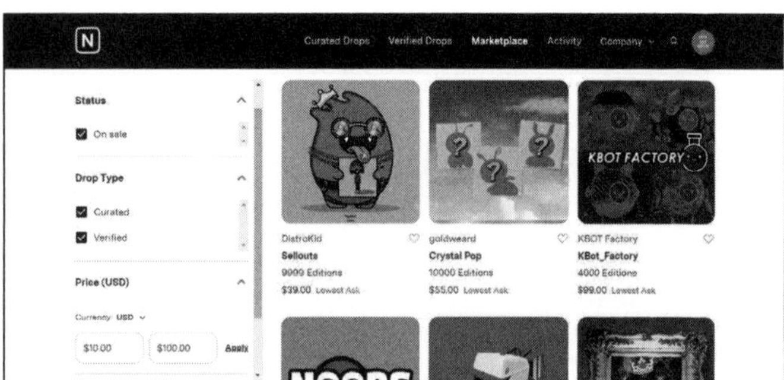

Si vous achetez des NFT dans l'intention de les revendre, il est difficile de prédire si une acquisition pourra être rentable ou non dans le futur, car la cote d'une œuvre ou d'un artiste n'est pas toujours prévisible. Le mieux est de n'acheter que des NFT qui vous plaisent.

Rarible

La plateforme Rarible a été fondée en 2020 par deux Russes, Alexi Fain et Alexander Salnikov.

Si Rarible aide à créer et vendre des créations numériques comme d'autres plateforms concurrentes, ce site propose toute une suite de services bien adaptés aux artistes. Il est par exemple possible d'offrir des images haute résolution ou des messages cachés. De plus, Rarible est fortement marqué par son aspect communautaire. Il s'agit en effet d'une DAO (organisation décentralisée), ce qui signifie qu'il n'existe pas d'acteur central qui supervise l'ensemble des activités. C'est donc une communauté d'artistes et d'amateurs de NFT qui gère collectivement Rarible.

Rarible dispose d'un token, le RARI, mais celui-ci n'a pas de valeur de marché. Il est possible de gagner des RARI en participant activement à Rarible. Des distributions de RARI ont lieu chaque semaine.

La création d'un NFT sur Rarible ne prend que quelques minutes. L'interface a été conçue dans l'objectif de faciliter une telle opération.

La plateforme Rarible vise à rendre aisée la gestion des problèmes de propriété intellectuelle, des risques de fraude et d'enregistrement d'une œuvre. Une fois qu'une œuvre est « tokénisée », son origine et sa propriété peuvent être établies.

Créer un compte sur Rarible

Comme dans le cas d'OpenSea, c'est votre wallet qui va vous servir à créer un compte sur Rarible. Pour ce faire, rendez vous sur `https://rarible.com` et cliquez sur Sign in. Vous êtes alors invité à connecter votre wallet MetaMask.

Une fois connecté à votre wallet, vous pouvez aisément mettre à jour vos informations en cliquant sur votre profil puis sur Edit Profile (mise à jour du profil).

Mettre en vente une œuvre sur Rarible

Bien évidemment, comme pour OpenSea, il vous faut disposer d'une œuvre dont vous êtes le seul propriétaire, qu'il s'agisse d'une image, d'un vidéo-clip ou d'une musique.

Pour mettre cette œuvre en ligne sur Rarible :

1. **Allez sur la page `https://rarible.com`.**

2. **Connectez-vous si nécessaire à votre wallet MetaMask.**

3. **Cliquez sur le bouton Create au sommet de la page.**

4. **Choisissez une blockchain.**

   Pour faire simple à ce niveau de votre découverte de Rarible, cliquez sur Ethereum. Par la suite, il pourra être bon de choisir Tezos, du fait que les commissions à reverser aux validateurs d'une transaction sont moins élevées. Cliquez donc sur Create sous la mention Ethereum.

5. **Choisissez Multiple. Dans ce cas de figure, votre œuvre pourra être partagée avec une communauté d'utilisateurs.**

6. **Dans la partie Upload file, cliquez sur Choose file (choisir un fichier) puis repérez le fichier à charger depuis votre disque dur.**

   Votre image vient s'afficher dans la fenêtre supérieure ainsi qu'une miniature sur la droite.

7. **Choisissez Open for bids (ouvert aux enchères).**

8. **Dans la section Choose a collection, choisissez Rari.**

9. **Indiquez un nom et une description pour votre œuvre.**

10. **Dans Number of copies, indiquez combien de copies vous souhaitez vendre de cette œuvre.**

11. **Cliquez enfin sur Create item (création de l'élement NFT).**

12. **Validez l'opération en la signant avec MetaMask.**

Et voilà : votre NFT est créé et mis en vente sur Rarible (voir Figure 4.15) ! Vous pouvez revenir sur ce site de temps en temps pour voir ce qu'il advient de votre vente.

Figure 4.15

Mise en vente d'un NFT sur la plateforme Rarible.

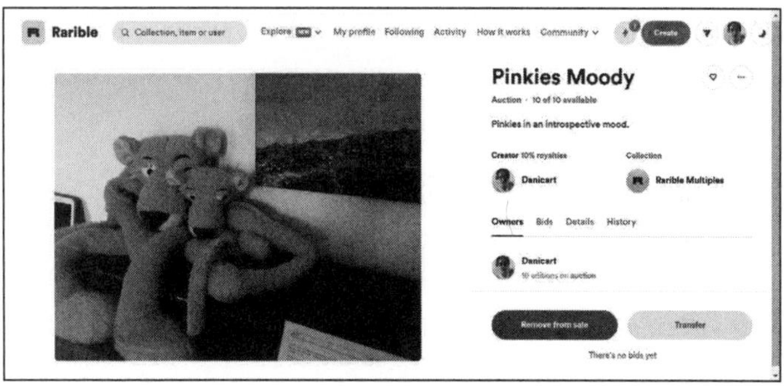

DANS CE CHAPITRE

Différences entre cryptomonnaies et NFT.

Règles encadrant les investissements.

Les NFT les plus performants.

La bonne stratégie pour investir dans les NFT.

Les taxes à payer sur les revenus des NFT.

Chapitre 5 Investir dans les NFT

Ce chapitre couvre tout ce qui se rapporte à l'investissement dans les NFT. Ici sont abordées les stratégies, en examinant notamment les types de NFT dans lesquels il peut être avisé d'investir. Vous y découvrirez également les règles et les organismes de réglementation qui régissent tous les types d'investissement, y compris les NFT.

Que vous envisagiez un investissement sérieux, aimiez collectionner, souhaitiez faire partie des investisseurs éclairés ou soyez simplement curieux, les NFT ont beaucoup à offrir. Souvent, la seule façon de comprendre un marché aussi nouveau est de l'explorer. L'inspection des places de marché vous familiarisera avec la grande variété de tokens disponibles pour l'achat et la vente des NFT. Vous vous ferez également une idée des prix qui se pratiquent et de la façon dont les différents marchés organisent, répertorient et vendent leurs actifs.

Comme pour tout investissement, vous devriez faire autant de recherches que possible et ne jamais investir plus que vous pouvez vous permettre de perdre. Nous vous conseillons de suivre l'évolution du marché, car les changements dans l'offre, la demande, la technologie et la réglementation devraient probablement engendrer des fluctuations durant un certain temps.

Nous ne sommes pas des experts financiers, et les informations contenues dans ce chapitre ne sont pas destinées à servir de conseils en investissement ou en fiscalité. Ce chapitre ne remplace pas les recommandations de conseillers en placement et de comptables professionnels.

Les NFT ne sont pas des cryptomonnaies

Sur le plan technique, les NFT sont semblables à la cryptomonnaie, en ce sens qu'ils existent sous forme d'enregistrements numériques sur la blockchain. La différence entre les NFT et la cryptomonnaie est que chaque NFT est unique. Si vous possédez un bitcoin, par exemple, vous pouvez l'échanger contre un autre bitcoin qui aura la même valeur marchande. C'est le principe de la *fongibilité*, la capacité d'un actif à être échangé contre un autre actif du même type et de valeur égale.

Sur la blockchain, n'importe quel bitcoin est identique à n'importe quel autre. Il en va de même pour l'ETH (ether) sur la blockchain Ethereum, pour Litecoin ou encore Solana sur leurs réseaux respectifs. Et il en va de même pour les devises traditionnelles (dollar, euro, *etc.*), dont les pièces et billets peuvent être échangés entre eux sans qu'aucun ne présente de particularité qui le distingue comme unique.

Bien que le marché des cryptomonnaies soit assez volatil, à tout moment un bitcoin a la même valeur qu'un autre bitcoin. Or, les NFT sont différents. Chaque token non fongible a une valeur unique qui lui est propre et qui peut changer à tout moment sans relation avec la valeur des autres NFT. Si son commerce est possible, on ne peut pas l'échanger simplement contre un autre NFT.

Un NFT a de la valeur s'il intéresse un public. Il se peut qu'il existe un marché pour un certain NFT, mais il est également possible que personne ne veuille l'acheter. Certains se hasardent même à prophétiser que le marché des NFT pourrait s'effondrer à terme, mais bien souvent, un tel argument semble s'appuyer avant tout sur le rejet de toute technologie nouvelle.

Introduction à l'investissement dans les NFT

Le marché des investissements a beaucoup évolué depuis l'invention des cryptomonnaies. Nous avons ainsi vu apparaître de nouveaux types d'actifs numériques tels que les *equity tokens* (des parts de sociétés que l'on a transposées sur une blockchain et qui fonctionnent à la façon des actifs boursiers traditionnels) et les NFT. Comme bien souvent, lorsqu'une nouvelle technologie voit le jour, la réglementation peine à suivre, et c'est le cas pour ces nouveaux types d'actifs.

L'investissement traditionnel destiné au grand public est bien délimité. Vous travaillez généralement avec un courtier en placement ou un conseiller financier, c'est-à-dire des spécialistes qui vous aident à naviguer dans le monde complexe des actions, des obligations et des fonds de placement. Ces professionnels de l'investissement vous conseillent sur des types d'investissements dont les rendements sont souvent lents mais relativement fiables, et réglementés par des organismes gouvernementaux.

Cela n'a pas toujours été le cas. La crise boursière de 1929 a plongé des millions de personnes dans une situation économique périlleuse, d'autant qu'elle était due à une spéculation sauvage et à de la fraude. Un organisme américain indépendant, la SEC (*Securities and Exchange Commission*), a été établi en 1934, afin de protéger les investisseurs et de faire respecter les lois fédérales sur les valeurs mobilières. Cela faisait partie du New Deal du président Roosevelt, soit un programme politique visant à prévenir tout futur désastre financier provoqué par des opérations frauduleuses ou de la spéculation. En France, dès 1967, l'État s'est doté d'un organisme similaire, la Commission des opérations boursières (COB), devenue en 2003 l'Autorité des marchés financiers (AMF).

Les nouveaux *instruments financiers* – ces documents réels ou virtuels créés avec la technologie blockchain et qui représentent un accord juridique impliquant une valeur monétaire – sont soumis aux autorités de régulation de chaque pays où ils sont utilisés. Gardez cela à l'esprit lorsque vous explorez les NFT, car en tant qu'instrument financier, ils peuvent être soumis à des réglementations et des lois liées à votre nationalité et à votre pays, et aussi, si vous choisissez de les vendre, sur la nationalité et le pays de l'acheteur.

Aux États-Unis, la SEC considère les actifs numériques tels que les NFT comme des actifs traditionnels. Au moment où nous avons rédigé ce chapitre, aucune mesure coercitive n'avait été prise outre-Atlantique contre les créateurs de NFT. Il reste que les NFT peuvent être utilisés pour escroquer des investisseurs ou pour blanchir de l'argent. Ainsi, certains achètent une œuvre à partir d'actifs récupérés illégalement, la revendent et disposent alors d'argent « propre » qui n'a plus de relation avec l'activité illicite d'origine. Il en résulte que les gouvernements sont susceptibles d'intervenir à un moment donné et de réglementer ce domaine – même si cela peut parfois prendre des années.

Voici une façon simple de s'orienter : si vous achetez un NFT lié à un actif (un bien) existant, vendu comme un objet de collection avec un enregistrement public d'authenticité sur une blockchain, ce n'est probablement pas un titre financier. Votre achat revient à acheter une peinture ou une autre œuvre d'art.

Il reste que les NFT ont divers types de propriétés et que l'on pourrait facilement en faire un instrument financier. Si vous achetez un NFT qui vous promet un retour sur investissement, il pourrait être considéré comme un titre. Un investissement immobilier vendu comme un NFT et qui permet d'envisager un dividende, ou bien encore un flux régulier de revenu venant de l'art numérique pourrait être assimilés à un titre.

Lorsque vous examinez une opportunité d'investissement, voici quatre critères à examiner pour vous assurer qu'il s'agit bien d'un contrat d'investissement :

- **Est-ce qu'il implique un investissement d'argent ?**
- **Est-ce qu'il provient d'une entreprise ?**
- **Est-ce que des bénéfices sont attendus ?**
- **Est-ce que ce profit est le produit des efforts d'autres personnes ?**

Décider si un investissement dans les NFT est fait pour vous

Avant d'élaborer une stratégie d'investissement dans les NFT, demandez-vous si ce type d'investissement est fait pour vous. Il existe de nombreuses autres opportunités d'investissement ayant davantage d'historique et de prévisibilité, ainsi que d'études de marché disponibles. Comme pour tous les investissements hautement volatils et spéculatifs, ne pariez pas votre maison sur les NFT !

Au risque de nous répéter, n'investissez que des montants que vous pourriez vous permettre de ne jamais revoir. Cette stratégie garantira votre sécurité financière et vous épargnera un stress inutile.

Une demande plus importante et un prix plus élevé pour des actifs que vous possédez vous réjouiront. En revanche, si personne n'estime que ce que vous possédez est intéressant au point de vouloir l'acheter, ce ne sera pas une grosse perte pour vous, car vous serez resté dans les limites de vos moyens et, espérons-le, vous appréciez ce que vous avez acheté.

Voici deux raisons pour lesquelles on investit généralement dans les NFT :

- **Pour faire partie des pionniers d'un domaine nouveau.** Posséder l'un des premiers NFT apparus est assurément porteur d'un certain prestige.

- **Pour gagner de l'argent.** Certains gagnent des fortunes en achetant et en vendant des NFT. Malheureusement, peu de données sont disponibles concernant les marchés secondaires. Mais vous trouverez de nombreuses histoires de personnes qui se sont enrichies ainsi.

Les NFT semblent profiter d'un vent en poupe similaire à celui qu'a connu la cryptomonnaie à ses débuts. Quelques personnes ont gagné énormément d'argent en achetant très tôt du bitcoin et d'autres tokens, et donc énormément de gens ont voulu se lancer dans l'opération. Certains ont bien réussi, mais d'autres ont investi dans de nouveaux tokens qui n'ont pas pris de valeur. Nombreux sont ceux qui ont également perdu d'importants capitaux dans les fluctuations du marché.

Stratégies d'investissement pour les débutants

Les NFT attirent des investisseurs enthousiasmés par des opportunités inédites. Toutefois, cela pourrait aussi bien constituer une nouvelle bulle sur le point d'éclater. La vérité est sans doute plus nuancée.

Certains NFT peuvent représenter des opportunités d'investissement réelles, tandis que d'autres sont appelés à perdre rapidement toute valeur. À certains égards, investir dans les NFT s'apparente à n'importe quel autre type d'investissement et comporte indubitablement des risques. Bien s'informer est la meilleure approche.

Vous pourriez décider d'acquérir des NFT pour le plaisir. En effet, certains collectionnent des pièces de monnaie ou des timbres précieux par passion, sans que les motivent l'appât du gain et donc l'envie de revendre ces coûteuses possessions.

Mais si votre ambition est de tenter votre chance et de créer de la valeur ou de la richesse avec des NFT, il est préférable de bien étudier ce marché.

Vous lancer dans les NFT sans connaissances suffisantes reviendrait à investir dans l'art traditionnel sans connaître ce domaine ni sa valeur. Vous pourriez vous retrouver avec un objet sans valeur financière. Et si vous perduriez dans de tels investissements non avisés, vous risqueriez de vous retrouver ruiné financièrement.

Valoriser votre NFT

À bien des égards, un NFT est simplement une version numérique d'un objet de collection traditionnel.

Les cartes de sport, les pièces de monnaie, les œuvres d'art, les timbres et même certaines automobiles peuvent être des objets de collection. Ce qui leur donne de la valeur est leur rareté et leur attrait. Plus une chose est désirée et son offre en nombre limité, plus sa valeur est élevée. Bien évidemment, il est nécessaire qu'il y ait des acheteurs intéressés et en mesure de l'acquérir pour qu'un marché existe, quelle que soit la rareté du bien.

Les NFT sont semblables à ces articles, tout en étant différents. Le NFT lui-même n'est qu'un enregistrement sur une blockchain qui en vérifie la propriété et la provenance. Il ne contient généralement pas le contenu numérique sous-jacent, les fichiers multimédias étant trop volumineux pour pouvoir être stockés sur la plupart des blockchains traditionnelles, qui ont une capacité limitée.

La technologie inhérente aux NFT contribue à créer une partie de cette valeur. Du fait que la valeur d'un objet de collection tient à sa rareté, les créations numériques étaient jusqu'à présent difficiles à valoriser. En effet, elles peuvent être copiées, souvent sans perte de qualité, ce qui rend difficile de légitimer la propriété d'un bien numérique.

Les NFT résolvent ce problème, en permettant aux artistes de produire des éditions limitées, ou même de créer un token associé à l'œuvre originale puis de vendre les droits à un collectionneur. Ces éléments représentent la valeur de l'actif. Autrement dit, ils représentent ce qu'un collectionneur ou un investisseur est prêt à payer pour le bien.

Il existe plusieurs méthodes pour déterminer la valeur d'un NFT. Le consensus tourne autour des notions de marque, de rareté ou de marché. Si vous êtes habitué aux objets de collection, ces notions vous sont familières.

La marque

La marque, dans ce contexte, se définit essentiellement par celui qui a créé ou qui est lié à l'actif NFT. L'un des objets de collection les plus chers vendus sur NBA Top Shot (`https://nbatopshot.com`) est un clip vidéo du basketteur LeBron James, dont nous parlerons plus en détail dans la section « Le palmarès des NFT ». La « marque » LeBron James a de la valeur : bien que les collectionneurs puissent être impressionnés par le lancer immortalisé dans le clip, sa valeur est conférée par la personne qui a effectué ce lancer. Le monde des NFT a attiré de grands noms : Coca Cola, la NBA, la brasserie Coors, et des artistes comme Beeple et Grimes. Bien qu'il soit possible de dénicher un NFT de valeur qui ne soit relié à aucun artiste connu, il est plus difficile d'en évaluer la valeur à long terme.

La rareté

La rareté est un facteur crucial dans la détermination de la valeur d'un NFT. Si un artiste publie un seul exemplaire d'une œuvre, elle a plus de valeur que s'il en publie dix mille. La plupart des marchés indiquent clairement le nombre de chaque pièce disponible. Ainsi, les créateurs et les places de marché peuvent influer sur la valeur d'un NFT en limitant le nombre d'exemplaires publiés.

Le marché

Le dernier élément pour déterminer la valeur d'un NFT tient aux marchés, ou places de marché NFT, où ils sont vendus. Nous avons découvert trois d'entre elles au Chapitre 4 : OpenSea, Nifty Gateway et Rarible. Les investisseurs consultent ces plateformes de ventes pour comparer les prix de ventes antérieures, de ventes d'articles similaires et, dans certains cas, les estimations.

Choisir sa stratégie

Si vous vous sentez prêt à entrer dans le monde capricieux des NFT, la première étape consiste à effectuer des recherches. La recherche d'opportunités d'investissement dans les NFT vous montrera que l'état actuel de l'industrie ressemble au Far West. Des centaines de milliers de NFT sont disponibles sur des dizaines de places de marché NFT. (Nous explorons dix de ces places de marché dans le Chapitre 12.)

Assurez-vous, avant d'effectuer un achat, que vous avez affaire à une place de marché légitime et que l'actif sous-jacent est authentique. N'importe qui peut créer un NFT et le prétendre original. En raison de la nature décentralisée des NFT et de la blockchain qui les sous-tend, aucune source officielle ne contrôle la qualité et la réputation de ces places de marché.

Commencez par un petit investissement dans un genre de NFT que vous comprenez et appréciez. Après avoir acheté un actif, passez un peu de temps à lire ce qui se dit à son sujet et à observer le marché.

À mesure que vous gagnerez en connaissances et en confiance, vous commencerez probablement à investir davantage. En tant qu'investisseuse, Tiana Laurence, la co-autrice de ce livre, se fixe des objectifs d'investissement, ce qui lui permet de prendre des décisions calculées même lorsqu'un marché est *hot* (c'est-à-dire que le public est très intéressé). Avoir un plan d'investissement – et s'y tenir – aide à prendre des décisions éclairées, peu importe la catégorie d'actifs.

Une des métriques clés que Tiana recherche est le *volume d'échanges*, le nombre d'acheteurs et de vendeurs actifs à un moment donné. C'est un peu délicat avec les NFT car ils se trouvent sur un marché *étroit*, c'est-à-dire avec relativement peu d'acheteurs et de vendeurs.

Une astuce utilisée par les arnaqueurs consiste à vendre un actif à plusieurs reprises entre divers comptes qu'ils possèdent, afin d'en gonfler artificiellement la valeur et de faire croire à un intérêt de la part d'investisseurs qui n'existent pas dans la réalité. Dans le cas des NFT, effectuez des recherches *via* des sources non conventionnelles telles que Reddit et Twitter. Tout le monde peut y poster des informations. Néanmoins méfiez-vous des professionnels du *pump and dump* (une hausse des cours artificielle visant à stimuler l'achat, suivie d'une chute soudaine lorsque les actifs sont revendus en bloc). Ce problème est malheureusement extrêmement courant dans l'univers crypto.

En tant qu'investisseure, Tiana Laurence choisit un *rendement cible* (un objectif de rendement) arbitraire prudent, par exemple une hausse de valeur de 10 %, auquel elle peut s'attendre sur son investissement. Vous devez faire vos propres recherches et choisir un rendement cible qui vous satisfasse, ce qui vous aidera à savoir quand vendre. L'investisseur légendaire Warren Buffett conseille aux investisseurs d'acheter lorsque tout le monde vend et de vendre lorsque tout le monde achète. Tiana suit cette méthode.

Une autre pratique prisée par Tiana consiste à vendre au-dessous de ce qu'elle perçoit comme le sommet du marché. Là encore, elle détermine un pourcentage arbitraire, comme 10 % au-dessous de ce qu'elle pense que le sommet du marché sera, ce qui lui permet de vendre un actif avant que le cours ne s'effondre. Cette façon de jouer en estimant un sommet de marché est une pratique extrêmement délicate.

Le palmarès des NFT

Les acheteurs apprécient les NFT pour différentes raisons. Pour certains investisseurs, ils représentent une nouvelle forme d'art. Pour d'autres, acheter un NFT fait passer un message de puissance et d'impact à leur groupe social. Le *positionnement social* indique que vous faites partie d'un groupe et que vous y avez un statut élevé parce que vous possédez un objet particulier.

Pour comprendre les NFT et clarifier les avantages et les risques de l'investissement, passez en revue certains des NFT les plus performants. Voici une liste de plusieurs NFT uniques et de quelques facteurs qui ont déterminé leur prix :

» **La vidéo du dunk « Cosmic » de LeBron James (créée en 2019 et vendue 208 000 dollars).** Ce NFT fait partie de la plateforme NBA Top Shot, qui rappellera à certains des souvenirs de cartes de collection à échanger, car cela fonctionne de la même manière. Les collectionneurs achètent des packs et y trouvent parfois une carte (un clip individuel immortalisant un moment de jeu de la NBA) particulièrement précieuse. Le pack « Cosmic » est une série de 49 cartes. Les prix des collections varient de 9 $ pour les cartes courantes à près de 1 000 $ pour les packs susceptibles de contenir des cartes rares.

» ***Rick et Morty*, « The Best I Could Do » (œuvre créée en 2021 et vendue 1 million de dollars).** *Rick et Morty* est la série d'animation phare de la chaîne de télévision américaine Adult Swim (Cartoon Network). Son créateur Justin Roiland a vendu une collection de dessins originaux issues de la série pour 1 million de dollars. C'est la plus grosse vente à ce jour réalisée sur la plateforme Nifty Gateway. *Rick et Morty* possède en effet une très grande communauté de fans.

Figure 5.1

Quelques dessins de la série « The Best I Could Do » issue de *Rick et Morty*.

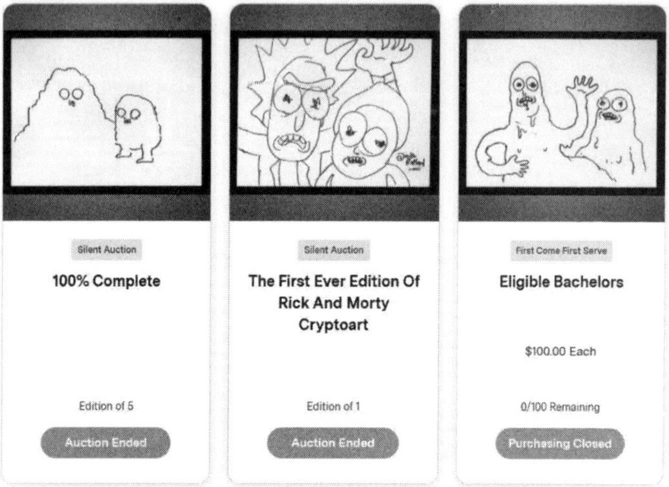

- ***CryptoPunk #7523* (pixel-art créé en 2017 et vendu 11,8 millions de dollars).** Les CryptoPunks sont incontournables dans le monde des NFT. Posséder un de ces dix mille personnages en pixel-art créés par Larva Labs (dans ce qui était initialement un petit projet interne chez Google) est devenu un positionnement social. Voir le Chapitre 13 pour en savoir plus sur *CryptoPunk #7523* et d'autres CryptoPunks.

- **Le terrain virtuel *Genesis* du jeu vidéo *Axie Infinity* (créé en 2021 et vendu 2,4 millions de dollars).** C'est un terrain virtuel rare faisant partie de ce cryptojeu. Comme pour les terrains réels, sa valeur tenait à son emplacement. La parcelle, qui bénéficie d'un emplacement de choix, offre une esthétique unique.

- **Le tout premier tweet du P-DG de Twitter Jack Dorsey (créé à l'origine en 2006, transformé en NFT et vendu 2,9 millions de dollars en 2021).** Twitter est devenu extrêmement important, culturellement et historiquement. Si le premier tweet de l'histoire a été publié bien avant la création de la première blockchain, il en a conçu un NFT – un symbole qui ne pouvait qu'attirer les collectionneurs.

- **Le mème *Doge 2021* (photo de 2010 transformée en NFT et vendu pour la modique somme de 4,4 millions de dollars).** Les mèmes sont des motifs récurrents (images, vidéos ou textes) humoristiques sur Internet et notamment sur les réseaux sociaux, qui se présentent sous de nombreuses formes et variations. La possession d'un mème est un signe de distinction ultime. Le célèbre mème *Doge*, mettant en vedette un chien japonais de la race shiba inu, est extrêmement populaire dans le monde crypto, car il transmet l'idée amusante que n'importe qui peut créer une cryptomonnaie.

Figure 5.2

Le même *Doge* vendu sous forme de NFT.

» ***EVERYDAYS: THE FIRST 5000 DAYS* de Beeple (œuvre d'art numérique créée en 2021 et vendue 69,3 millions de dollars).** Cette œuvre d'art purement numérique (qui s'apparente davantage à de l'art moderne), a été la première vendue par une grande maison de vente aux enchères (Christie's). Elle est composée des 5 000 créations quotidiennes réalisées par Beeple durant presque quatorze ans. Le NFT a été vendu à deux collectionneurs singapouriens nommés MetaKovan et Twobadour (voir le Chapitre 13 pour en savoir plus sur cette pièce et d'autres du même artiste).

Les types de NFT à succès

Il existe de nombreux types de NFT, avec de nouvelles normes de tokens qui sont constamment développées. Dans cette section, nous vous présentons plusieurs types de NFT parmi les plus populaires.

Art numérique

L'art numérique est un vaste champ pour les NFT, qui génère des prix de vente parmi les plus élevés. C'est également le type de NFT le plus ancien. En effet, l'animation en forme d'octogone *Quantum* de Kevin McCoy est le premier NFT à avoir vu le jour (en 2014). Créer et vendre un NFT dans cette catégorie est extrêmement facile. De nombreuses plateformes permettent à quiconque de créer de l'art numérique NFT.

Figure 5.3

Quantum de Kevin McCoy, premier NFT de l'histoire.

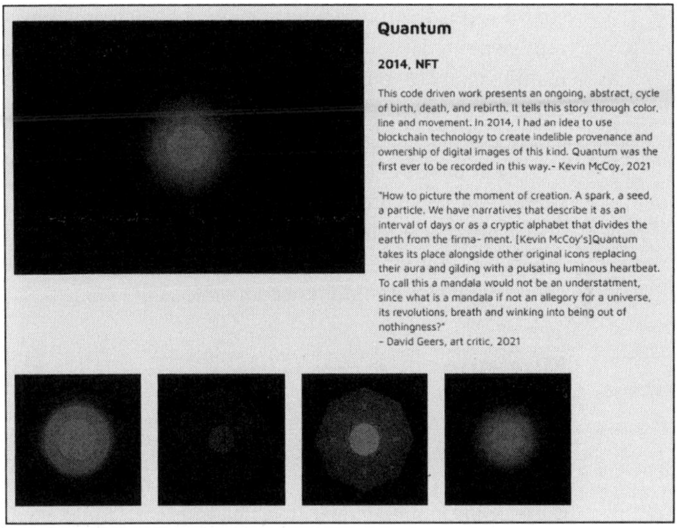

Objets de collection

Les objets de collection constituent également une catégorie importante sur le marché des NFT. Ils ressemblent beaucoup à leurs équivalents traditionnels tels que les timbres, pièces de monnaie ou cartes de tous types (sport, jeux...). NBA Top Shot, la plus grande plateforme d'objets de collection sportifs, a réalisé des millions de dollars de ventes et a donné naissance à une nouvelle génération de passionnés. En France, l'éditeur Sorare s'est positionné très tôt sur ce marché de la vente aux enchères de cartes liées à des joueurs de football. Les fans du genre peuvent acquérir la carte d'un Messi ou d'un Mbappé, constituer une équipe virtuelle et gagner des points en fonction des statistiques des joueurs dans la vie réelle.

Jeux vidéo

Les jeux ont eux aussi profité de la blockchain. Les actifs *in game* sont des objets numériques parfaits à transformer en NFT, car ils représentent le volume de ventes le plus élevé de tous les segments : en 2020, plus de 600 000 actifs *in game* ont été vendus. Ce volume comprenait des terrains virtuels, des *skins* (apparence) et des personnages. Les NFT, qui permettent aux joueurs d'obtenir plus de pouvoirs et de contrôle sur leurs actifs numériques *in game*, perturbent cependant l'économie ordinaire du jeu, en favorisant les créateurs de jeux par rapport aux joueurs. En France, dès la fin 2021, l'éditeur Ubisoft a annoncé qu'il allait intégrer des NFT dans ses jeux, notamment les fameux *Lapins crétins*.

Musique

La musique vendue sous forme de NFT ne cesse de se développer. Les NFT permettent aux artistes de vendre leur musique directement à leurs fans, et aux fans de disposer d'avantages supplémentaires traditionnellement difficiles à obtenir. Ainsi, en juin 2021, le musicien français Jacques a mis en vente son titre *Vous* seconde par seconde (soit 192 NFT), en offrant à ses fans d'être propriétaires des droits d'utilisation de son titre mais aussi des droits d'auteur. Les 192 acheteurs ont obtenu la possibilité de se partager les revenus générés grâce à la vente et la diffusion du titre. Il reste que le glissement de l'industrie de la musique vers ce nouveau modèle est encore récent. Il préfigure une ère où les artistes ne seraient plus à la merci des maisons de disques pour enregistrer et promouvoir les ventes d'albums. Les artistes indépendants pourraient ainsi trouver dans les NFT de nouvelles façons de partager et de monétiser leur contenu. Les musiciens peuvent d'ores et déjà *tokeniser* leur musique et la vendre directement à leurs fans. Dans de nombreux cas, leur public reçoit du contenu exclusif et des illustrations introuvables ailleurs. Les NFT dans le segment de la musique peuvent générer des transactions importantes.

Figure 5.4

NFT de la chanson *Vous* de Jacques.

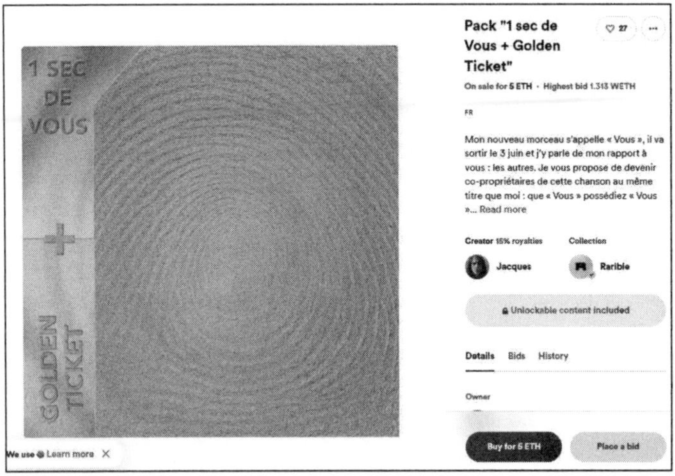

Mèmes

Les mèmes transformés en NFT sont l'une des catégories les plus étranges. Des mèmes célèbres déjà anciens tels que *Nyan Cat* se sont vendus à des centaines de milliers de dollars. Les mèmes ont des caractéristiques d'universalité : ils appartiennent à un moment culturel, ainsi qu'aux personnes qui ont participé à la sous-culture ayant engendré leur création et leur popularisation.

Déclarer ses revenus NFT aux impôts

Si vous souhaitez vous lancer dans l'investissement NFT, vous devez vous préparer à ses implications fiscales. Vous pensiez que la nature décentralisée et numérique des NFT vous permettrait d'échapper aux taxes sociales et aux impôts ? Détrompez-vous !

On distingue deux types de revenus NFT :

» **les revenus que les créateurs de NFT gagnent lorsqu'ils vendent des NFT ;**

» **l'argent que gagnent les investisseurs en (re)vendant des NFT.**

Il n'existe toujours pas de loi définissant officiellement ce que sont les NFT, et il est donc difficile de trouver le régime fiscal approprié. La question ne se pose pas pour les plateformes d'échanges de NFT qui, elles, sont réglementées. En revanche, pour les particuliers français, les NFT peuvent être déclarés de trois façons différentes et donc relever de trois régimes fiscaux différents :

» **comme des actifs numériques ;**

» **comme des œuvres d'art ;**

» **comme des biens meubles incorporels.**

De même, une distinction fiscale sera effectuée entre un achat ou une (re)vente de NFT occasionnel et une telle activité devenue habituelle. La façon dont vous déclarez les revenus des NFT aux organismes sociaux et fiscaux dépendra de votre relation avec ces actifs.

La fiscalité française cherche encore à rattraper le tout nouveau phénomène NFT, mais même les amendements proposés par le député LREM Pierre Person dans la loi de finances pour 2022, visant à définir juridiquement les NFT, ont été rejetés. Dans ce flou juridique, il est prudent pour les acheteurs comme pour les vendeurs de conserver leurs propres registres détaillés à des fins fiscales.

Pour vous assurer de bien respecter les lois fiscales et autres lois réglementaires, engagez un professionnel de la fiscalité qui saura traiter votre situation particulière.

Troisième partie

Créer ses propres NFT

Dans cette partie…

Découvrir Ethereum Virtual Machine.

Bâtir un environnement de développement.

Instructions pas à pas pour lancer son token ERC-721 non fongible.

Chapitre 6
Ethereum

DANS CE CHAPITRE

Découvrir Ethereum Virtual Machine (EVM).

•

Ethers (ETH) et smart contracts.

•

Validation et sécurisation des transactions par la blockchain.

•

Limitations de EVM.

Dans ce chapitre, nous vous présentons la plateforme Ethereum, qui a permis l'émergence d'un grand nombre de tokens – fongibles comme non fongibles.

Vous n'avez pas forcément besoin des informations présentées dans ce chapitre pour vous lancer dans le minage de tokens NFT selon la norme ERC-721 de la plateforme Ethereum. Pour cela, vous pouvez passer directement au Chapitre 7 puis au Chapitre 11 (pour créer votre propre NFT). Toutefois, ce chapitre vous apporte des informations fort utiles sur les caractéristiques fondamentales des NFT et sur leurs relations avec le reste de l'univers Ethereum.

Ethereum Virtual Machine (EVM)

Imaginez un ordinateur ultra-puissant qui stocke et exécute du code avec le consensus d'une communauté sans leader : c'est ce que l'on appelle une DAO (*decentralized autonomous organization*, organisation autonome décentralisée).

Pour assurer la puissance informatique nécessaire au traitement de ses requêtes, cette organisation repose sur un système de parts. Ces dernières sont représentées par des tokens fongibles, la cryptomonnaie native de cette communauté sans leader. Et les membres de cette communauté qui fournissent les ressources de calcul sont récompensés par lesdits tokens. N'importe qui peut entrer et sortir de cette DAO – aucune permission n'est requise –, la hauteur de sa participation étant totalement libre.

Tout membre de la communauté peut soumettre une requête, à condition de payer pour cette dernière. Pour qu'une requête soit acceptée, la communauté dans son ensemble doit atteindre un consensus relatif à la validité de cette requête. Et pour déterminer cette validité, la communauté va poser des questions telles que :

» **Le membre en question dispose-t-il de suffisamment de tokens pour payer cette requête ?**

» **La requête est-elle réalisable au vu des ressources du superordinateur de la communauté ?**

» **Ce membre a-t-il la permission de faire une telle requête ?**

Pour une pleine transparence, toutes les informations (le code, les transactions, les tokens détenus…) sont mémorisées une fois pour toutes et accessibles à tous. Afin de maintenir l'intégrité de l'état de cet ordinateur, chaque membre de la communauté conserve des copies perpétuellement mises à jour du système.

Dans l'univers Ethereum, cet ordinateur ultra-puissant consiste en un réseau d'ordinateurs connectés entre eux qui porte le nom d'*Ethereum Virtual Machine* (EVM). L'originalité de cette communauté sans leader : n'importe qui peut rejoindre à tout moment ce réseau d'ordinateurs. Chacun de ces ordinateurs (appelé *nœud*) stocke des duplicatas d'EVM. Et chacun peut choisir de participer en tant que nœud de minage ou mineur, et d'être récompensé pour son travail de validation et de traitement des requêtes. Le logiciel d'EVM lui-même est open source et gratuit. Les deux seules choses qui coûtent, ce sont le matériel informatique mis à disposition et l'électricité.

Pour lancer une requête, ce que l'on appelle une *transaction*, il faut disposer d'un compte à même de recevoir, stocker et envoyer des ethers (ETH), la cryptomonnaie native d'Ethereum. (Nous le verrons plus loin, ce type de compte peut également faire appel à un *smart contract*, un programme informatique fondé sur Ethereum.) Sur Ethereum, on dit que ce type de compte est détenu en externe. Lorsque quelqu'un évoque un compte, il est probable qu'il fait référence à un compte détenu en externe.

Dans le Chapitre 7, nous vous expliquons plus en détail les différents types de comptes et leur gestion.

Toutes les transactions sur EVM doivent être réglées avec des ethers. Les transactions peuvent impliquer des opérations telles que :

- » **transférer des ethers d'un compte à un autre ;**
- » **stocker des données sur EVM ;**
- » **manipuler des données existant sur EVM.**

Une fois qu'une transaction a été validée et exécutée – avec l'aval du du réseau –, le nouvel état de EVM est diffusé et dupliqué à travers le réseau de nœuds. Tout l'historique des transactions est sécurisé sur un registre distribué fondé sur la blockchain Ethereum, et accessible à n'importe qui.

Pour mieux comprendre comment fonctionne ce registre public dans la pratique, suivez les étapes ci-dessous afin de potentiellement voir toutes les transactions opérées depuis la genèse de la blockchain Ethereum.

1. **Ouvrez la page `https://etherscan.io`.**
2. **Depuis le menu Blockchain, sélectionnez l'option View Txns (voir les transactions), comme dans la Figure 6.1.**

   Toutes les transactions effectuées sur EVM sont visibles, depuis la toute première.

Txn est le terme utilisé par Ethereum pour « transactions ».

Figure 6.1

Toutes les transactions passées sur Ethereum sont visibles sur etherscan.io.

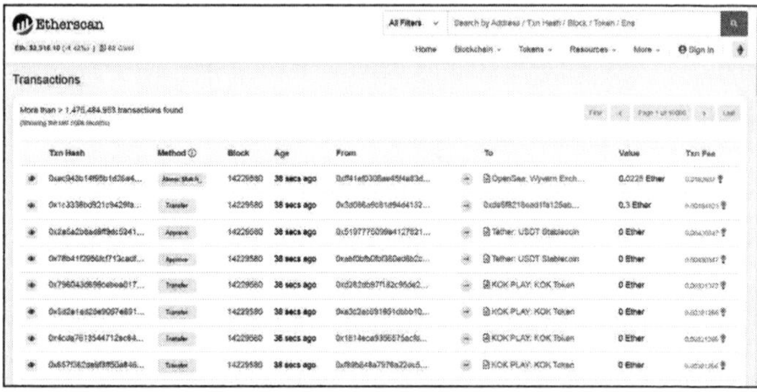

Ether : le gas des transactions

Dans l'univers Ethereum, le *gas* (littéralement : essence) est l'unité de mesure de la quantité de ressources informatiques nécessaire pour traiter une transaction sur EVM.

Lorsque vous soumettez une transaction au réseau Ethereum, deux paramètres entrent en jeu, qui vont déterminer la vitesse à laquelle votre requête sera exécutée :

» **Le prix du gas.** C'est le montant en ETH que vous êtes prêt à payer pour la validation de la transaction. Plus ce prix est élevé, plus votre transaction apparaîtra comme attractive aux mineurs chargés de la valider et de l'exécuter.

» **La limite de gas.** C'est le nombre maximal d'unités de gas que vous êtes prêt à consommer pour l'exécution de votre transaction. Plus cette limite est haute, plus il y a de chances que votre transaction puisse être achevée.

Habituellement, sur les wallets, le gas est indiqué en Gwei. Un milliard de Gwei vaut 1 ETH.

Le voyage d'une transaction

Afin de vous aider à comprendre ce qui se produit lorsqu'une transaction est exécutée, prenons un exemple.

1. **Vous démarrez une transation. Celle-ci se voit attribuer un code dit de *hash* (désigné comme TxHash ou TxID sur `etherscan.io`). Par exemple :**

```
0xec2cd4cb4631d83252ed6d60fc92119d236b65c333ec4c741dd9e0b258
da5b81
```

2. **Cette transaction est diffusée sur le réseau de nœuds Ethereum.**

3. **Si elle est valide, elle est ajoutée à un *pool* (liste d'attente) de transactions en attente d'exécution.**

   Ce pool est appelé le *mempool*, et vous pouvez l'observer sur `etherscan.io` *via* l'option Pending Transactions (voir Figure 6.2). Affichez les détails d'une transaction en attente en cliquant sur TxnHash (voir Figure 6.3).

Figure 6.2

Les transactions en attente d'exécution dans le mempool.

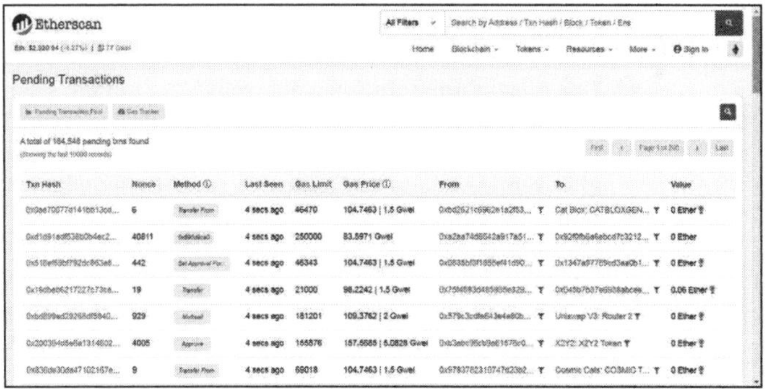

Figure 6.3

Une transaction en attente d'exécution et de confirmation.

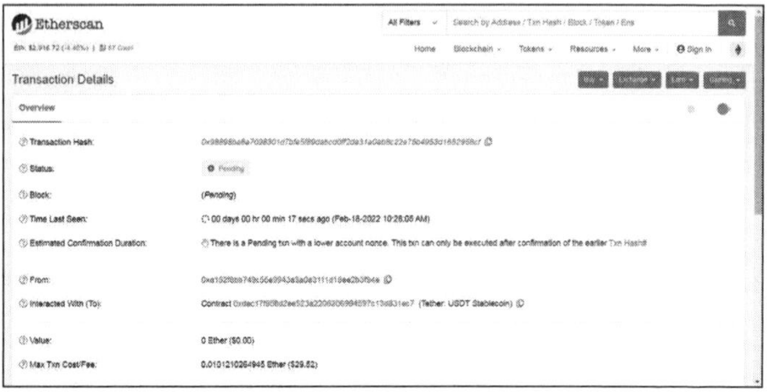

❹ **Les nœuds de minage sélectionnent certaines transactions à partir d'un pool en vue de produire un bloc de transactions. Pour des raisons exposées plus loin, les mineurs vont généralement sélectionner les transactions avec les prix de gas les plus élevés.**

❺ **Les mineurs entrent alors en compétition en vue de résoudre une équation complexe – une énigme de type POW (*proof of work*, preuve de travail) qui nécessite une énorme puissance de calcul. Ils peuvent ainsi gagner le droit d'ajouter et de confirmer un nouveau bloc à la blockchain Ethereum.**

❻ **Une fois qu'une solution a été trouvée, le mineur gagnant obtient le droit de diffuser le nouveau bloc au réseau. La ou les transactions correspondantes sont exécutées (dans la mesure où elles rentrent dans les limites de gas correspondantes), et une nouvelle compétition de minage démarre.**

La Figure 6.4 montre la dernière transaction en attente d'exécution, confirmée avec son numéro de bloc. Cette transaction fait désormais partie de manière permanente de la blockchain Ethereum.

Figure 6.4

Confirmation de la transaction qui était en attente d'exécution dans la Figure 6.3.

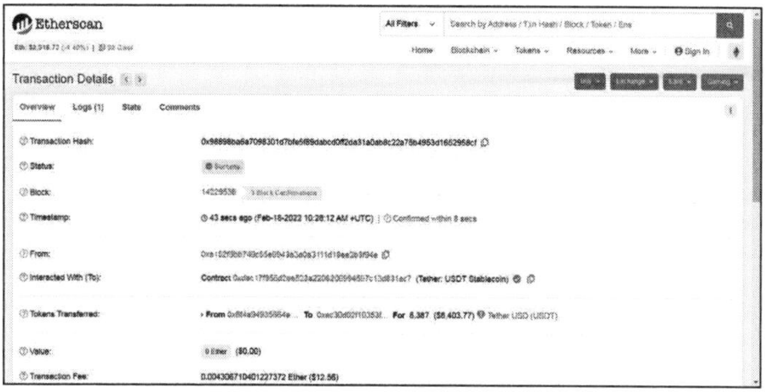

La réussite de l'exécution d'une transaction requiert les conditions suivantes :

- **La transaction doit être valide. Par exemple, vous devez disposer de suffisamment de fonds et des permissions appropriées pour l'exécution de la transaction.**
- **La transaction doit être confirmée et mise en file d'attente d'exécution. Votre transaction doit être sélectionnée par un nœud de minage afin d'obtenir le droit d'être ajoutée (et confirmée) à un nouveau bloc de la blockchain Ethereum.**
- **Le montant nécessaire au calcul de votre transaction ne doit pas excéder la limite de gas indiquée. En tant qu'initiateur de la transaction, vous pouvez influer sur cette limite de gas.**

La récompense des mineurs

Pour chaque nouveau bloc ajouté à la blockchain, le mineur reçoit une récompense composée de la manière suivante :

- **Un paiement fixe.** Au moment où sont écrites ces lignes, cette portion fixe est de 2 ETH.

» **Des frais individuels.** Ces frais sont associés à chaque transaction du bloc en question.

Par exemple, le mineur du bloc #14229645 (voir Figure 6.5) a reçu une récompense d'environ 2,09440204 ETH. Cette récompense se décompose ainsi :

» 2 ETH de portion fixe de récompense pour le bloc ;

» 0,0944024 ETH de frais individuels pour chacune des 288 transactions sélectionnées pour ce bloc.

Figure 6.5

Les métadonnées du bloc #14229645.

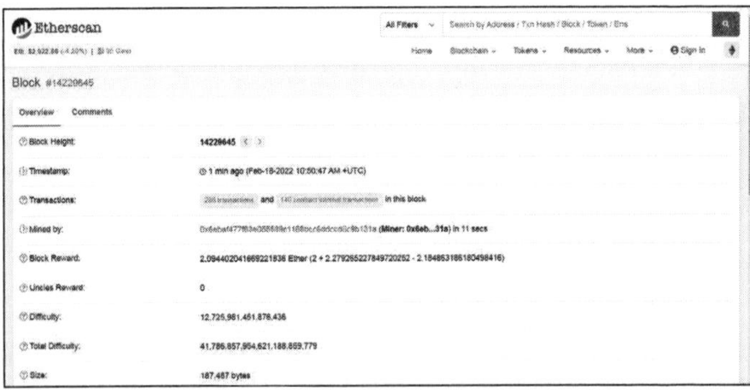

Fort naturellement, les mineurs cherchent à maximiser le montant de la compensation pour une quantité donnée de travail, soit la puissance informatique qu'ils dépensent pour résoudre l'énigme avec preuve de travail.

Le niveau de difficulté de ces énigmes n'est pas impacté par la taille ou le contenu du dernier bloc qu'un mineur cherche à confirmer. Par conséquent, lorsqu'ils sélectionnent des transactions pour un bloc, les mineurs tendent à sélectionner :

» **autant de transactions que possible, en conformité avec la limite de gas totale imposée par Ethereum au niveau d'un bloc ;**

» les transactions avec le niveau de prix le plus élevé par unité de gas.

Inversement, cette incitation influe sur les prix de gas que vous pouvez établir lorsque vous soumettez une transaction au réseau.

Déterminer un prix de gas raisonnable

Nous l'avons vu, plus le gas est élevé, plus les mineurs auront envie de sélectionner les transactions correspondantes. Et, de fait, comme on le voit sur la Figure 6.6, un gas élevé améliore les chances qu'une transaction soit sélectionnée, confirmée et exécutée.

Figure 6.6

Plus le prix du gas augmente (en abscisse sur le graphique), plus une transaction est traitée rapidement (en ordonnée : le temps de traitement en secondes).

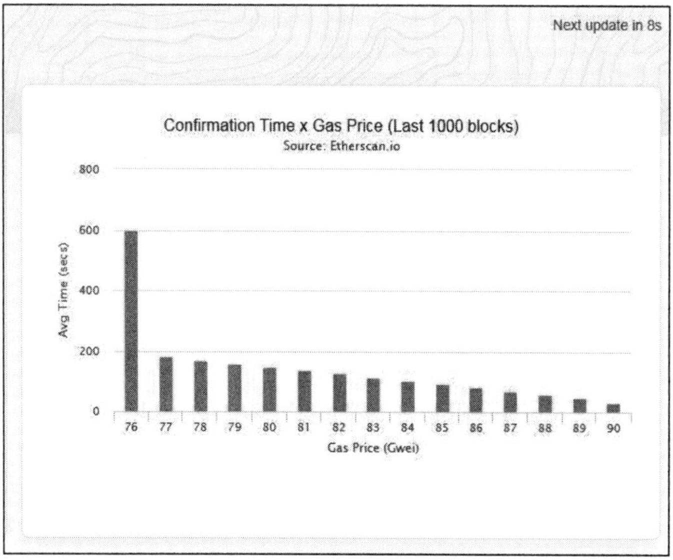

Quel montant proposer ? Si vous n'êtes pas pressé, vous pouvez être tenté de payer moins de frais et d'attendre. En revanche, si vous devez à tout prix conclure une transaction au plus vite, vous n'hésiterez pas à débourser l'équivalent de 100 euros ou plus.

Lorsque les frais de gas sont élevés, les mineurs en sont heureux. Toutefois, vous ne pouvez pas savoir s'ils seraient disposés à choisir votre transaction même avec un prix de gas plus faible. Alors, comment déterminer le bon prix à payer ?

Un grand nombre de services, comme MetaMask, sont en mesure d'aider l'utilisateur novice dans le choix d'un gas en affichant la vitesse qui correspondra à son prix : lent, moyenne, rapide – une information calculée par le wallet en question. La plupart des utilisateurs avancés déterminent le prix de gas souhaité en utilisant les informations qu'ils ont eux-mêmes glanées sur des sites analytiques. Pour obtenir un bon indice du prix du gas à tout moment de la journée, consultez Eth Gas Station `https://ethgasstation.info/?currency=EUR`. La Figure 6.7 vous montre un exemple de prix du gas à un moment donné. Ethereum dispose de son propre outil de suivi (voir Figure 6.8) accessible à l'adresse `https://etherscan.io/gastracker`.

Figure 6.7

Le prix du gas indiqué par Eth Gas Station à un moment donné, selon que l'on souhaite une transaction rapide, standard ou lente.

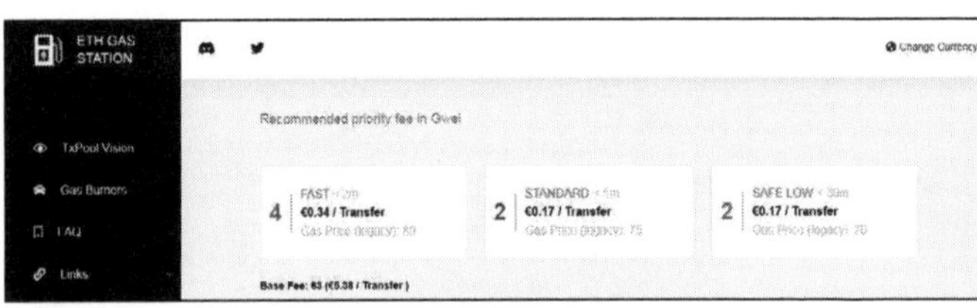

Figure 6.8

L'outil de suivi du gas proposé par etherscan.io.

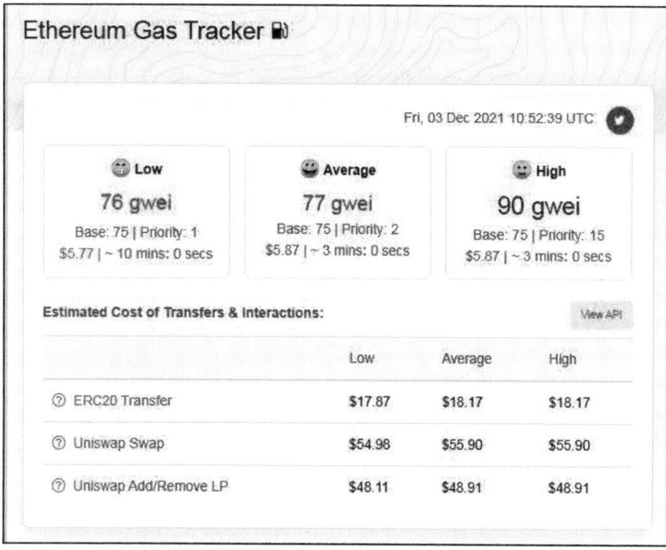

Déterminer votre budget

Le prix de gas d'une transaction impacte sa vitesse d'exécution. La limite de gas, pour sa part, détermine si la transaction pourra être exécutée. En d'autres termes, une transaction pour laquelle il n'existe pas suffisamment de fonds ne sera tout simplement pas exécutée. Conclusion : il faut allouer suffisamment de gas à une transaction. Et donc, vous aurez à vous poser ces deux questions :

» Est-il possible de fixer la limite de gas à un montant arbitrairement haut ?

» Comment calculer à l'avance le nombre d'unités de gas requis de façon à poser une limite appropriée ?

Pour répondre à la première question, dans la pratique, il n'est pas vraiment possible de simplement choisir un nombre très élevé pour la limite de gas. Il y a de nombreuses raisons à cela. La faisabilité en est une :

» **La limite de gas que l'on peut définir pour une transaction est limitée par le solde en ETH sur votre compte. Il faut donc que ce solde soit bien supérieur à la limite de gas pour que la transaction puisse s'accomplir.**

» **La limite de gas de la transaction est également limitée par la limite de gas au niveau du bloc. Votre transaction ne pourra pas être incluse dans un bloc si votre limite de gas dépasse celle édictée au niveau du bloc.**

Les mineurs sont peu enclins à sélectionner des transactions avec des limites de gas d'une hauteur improbable :

» **La limite de gas au niveau du bloc restreint le nombre de transactions qu'un mineur peut sélectionner pour un nouveau bloc.**

» **Les mineurs ne récoltent que le gas requis pour exécuter une transaction. Le gas non utilisé de chaque transaction est renvoyé au compte d'origine.**

» **Les mineurs tendent à éviter les transactions qui dépassent déraisonnablement les limites de gas.**

Vous pouvez calculer à l'avance le nombre d'unités de gas requis afin d'établir une limite de gas raisonnable pour certains types de transactions. Pour des transactions simples, comme le transfert d'ethers d'un compte à un autre, le montant du gas est défini avant l'exécution. Par exemple, si un transfert doit coûter 21 000 unités de gas, contentez-vous de placer la limite à 21 000.

En revanche, le coût total de calcul requis pour exécuter des requêtes plus complexes est souvent difficile à estimer avant que la transaction ait été achevée.

Lorsque vous soumettez une transaction qui implique des tâches plus complexes telles que la participation à une ICO (mise en vente d'un token), le mieux est de vous en référer aux émetteurs d'une telle opération.

Nous aborderons plus en détail l'usage du gas avec des exemples pratiques et des astuces dans les Chapitres 9 et 11, qui expliquent comment coder votre propre NFT.

Les frais de transaction

Une fois que votre transaction a été confirmée et exécutée, la commission payée pour la transaction (en ETH) est égale à la quantité de gas utilisée par cette transaction multipliée par le prix de gas choisi.

Au cours du traitement de la transaction, s'il s'avère que la complexité de calcul qu'elle implique dépasse la limite de gas indiquée, la transaction ne sera pas exécutée. Néanmoins, vous devrez tout de même payer une commission relative au gas consommé pour tenter l'exécution de la transaction.

Pour mieux comprendre ce qui se passe, observons les frais de transaction à travers deux scénarios différents :

- **une transaction réussie ;**
- **une transaction qui ne dispose pas de suffisamment de gas.**

Premier scénario : la transaction aboutit

Considérons une transaction avec les paramètres suivants :

- **Prix du gas : 0,000000075 ETH (75 Gwei).**
- **Limite de gas : 317 681.**

Une fois la transaction achevée, il s'avère que le gas utilisé a été de 229 829 unités (72,35 %), soit moins que la limite de gas.

Comme le montre la Figure 6.9, la transaction se déroule avec succès, et la commission totale s'élève à :

229 829 × 0,000000075 ETH = 0,017237175 ETH

soit environ 50,03 $ (45 €).

Figure 6.9

La consommation en gas et les frais versés pour une transaction réussie.

Étant donné que cette transaction n'a pas nécessité d'utiliser la limite de gas, les fonds restants sont restitués au compte d'origine. La chronologie est la suivante :

1. **Au sortir de la transaction, un montant de 317 681 (la limite de gas) × 0,000000075 ETH, soit 0,023826075 ETH, est pris sur le compte d'origine, afin d'anticiper la quantité d'énergie informatique nécessaire pour l'exécution de la transaction.**

2. **Comme, en réalité, la commission du mineur relative à la consommation effective de la transaction s'élève à 0,017237175 ETH, le compte d'origine se voit remboursé en conséquence de 0,0065889 ETH (0,023826075 - 0,017237175).**

3. **Pusique la transaction s'est déroulée avec succès, l'état de EVM a été modifié, et cette mise à jour est diffusée sur le réseau.**

Deuxième scénario : la transaction échoue

Une transaction peut aussi échouer, notamment parce que celui qui en est à l'origine ne dispose pas de suffisamment de gas.

Nous en avons un exemple dans la Figure 6.10 : l'achat d'un NFT sur OpenSea ayant échoué, la transaction n'a pas été exécutée. Comme vous pouvez le voir, une commission a tout de même été reversée au mineur, d'un montant de 0,004889697939356274 ETH (soit 14,16 $, environ 13 €).

Figure 6.10

Une commission est versée au mineur même si la transaction ne dispose pas de suffisamment de gas.

Ainsi, bien que la transaction ait échoué, le mineur reçoit une compensation pour le travail effectué. Il est rémunéré afin de compenser l'énergie informatique qu'il a consacrée à vérifier la faisabilité de cette transaction. Eh oui : on peut se retrouver à payer des frais alors que rien ne s'est produit au final !

Le montant total que vous déboursez est limité par le prix du gas multiplié par la limite de gas que vous indiquez. Si votre transaction est exécutée à un coût de gas moindre, la différence vous est restituée.

Où la blockchain est-elle stockée et sécurisée ?

Toutes les transactions sur EVM sont mémorisées pour toujours dans la blockchain Ethereum, un registre distribué résidant sur une base de données ouverte à tous et partagée, et synchronisé sur de multiples nœuds. Chacun des nœuds peut accéder à ce registre, et les mises à jour sont copiées sur tous les nœuds de façon quasiment simultanée. Cette blockchain abrite un système de conservation d'enregistrements qui organise l'information en blocs de données chronologiques – en d'autres termes, les enregistrements de transactions sont regroupés en blocs régulièrement confirmés et ajoutés à la chaîne existante.

Chaque bloc est relié au précédent par l'inclusion d'un hash (voir Chapitre 3) du bloc précédent, ce qui forme une chaîne de blocs (ou *blockchain*). On fait référence à un bloc en parlant de sa hauteur, ce qui désigne son emplacement dans la blockchain – ou encore le nombre de blocs qui le précèdent. Le blog de genèse est appelé le bloc 0.

Chaque nouveau bloc nécessite un consensus du réseau avant de pouvoir être ajouté à la blockchain. Les mineurs se livrent à une compétition féroce de résolution d'un problème mathématique afin de gagner le droit d'ajouter leur bloc à la blockchain. La solution de ce problème, connue comme la preuve de travail, n'est pas facile à obtenir, mais aisée à confirmer. C'est un peu comme deviner le numéro de téléphone d'une personne. C'est complexe, mais il est facile de confirmer que vous l'avez trouvé : il suffit d'appeler la personne en composant un numéro.

Lorsque les mineurs obtiennent une solution, ils ferment le bloc en attente de validation et diffusent le résultat au reste du réseau. La blockchain est mise à jour, et une nouvelle compétition démarre sur le prochain bloc.

Ethash et la preuve de travail

Les blockchains publiques comme Ethereum et Bitcoin nécessitent un mécanisme de consensus afin de s'assurer que le système est doté de :

- **Tolérance aux pannes.** Le système doit continuer d'opérer même en présence de nœuds en état d'anomalie.
- **Sécurité.** Les règles de gouvernance de la confirmation collective du réseau permettent d'éviter l'intrusion d'un groupe de nœuds malhonnêtes.

Le mécanisme de consensus qui sécurise la blockchain Ethereum est un algorithme de preuve de travail appelé Ethash.

Étant donné que les preuves de travail nécessitent de résoudre un problème complexe et fastidieux, et que les blocs d'information sont reliés entre eux et reproduits sur tous les nœuds, une fois qu'un bloc a été créé, il est extrêmement difficile, sinon impossible, à modifier.

Pourtant, les systèmes de preuve de travail sont lourds à gérer, et les participants se sont inquiétés des conséquences de cette consommation d'énergie sur l'environnement. L'université de Cambridge s'est penchée sur la question et a estimé fin 2021 que le Bitcoin consommait à lui seul 0,51 % de la consommation électrique mondiale (voir Figure 6.11). Face à cette situation, de nombreux pays ont changé leur attitude vis-à-vis du minage (voir Figure 6.12).

La réponse apportée porte un nom : les blockchains à preuve d'enjeu (POS, *proof of stake*). Ce mécanisme fait reposer la validation de la blockchain sur un nombre réduit de participants réputés fiables.

Figure 6.11

L'université de Cambridge évalue la consommation électrique du Bitcoin à 0,51 % de la consommation mondiale.

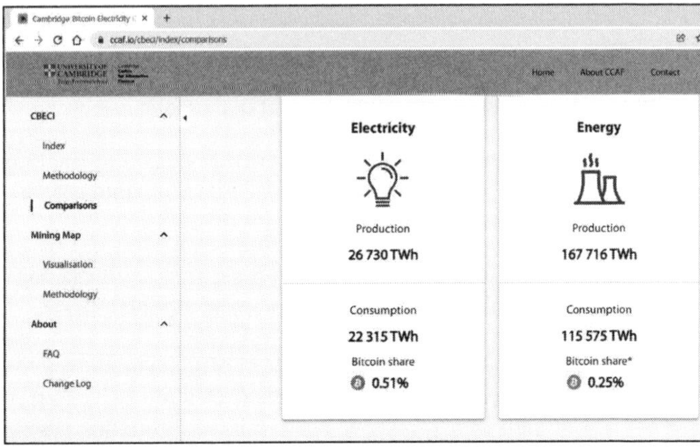

Figure 6.12

Comme l'ont rapporté de nombreux médias au printemps 2021, la Chine a banni les mineurs de son territoire. Et fin novembre 2021, le Kazakhstan a subi des coupures de courant liées à une trop forte activité de minage.

En 2022, une version 2.0 d'Ethereum est en cours de test, qui repose sur un mécanisme plus économe, dit de la « preuve d'enjeu ».

Les nonces

La preuve de travail qu'un mineur place dans un bloc réside dans un nombre appelé le *nonce*. Il figure dans l'en-tête du nouveau bloc. (L'en-tête de bloc contient des informations importantes sur chaque bloc confirmé.)

Ce *nonce de bloc* correspond à un nombre qui ne peut être trouvé qu'à travers un intense processus de calcul empirique. Durant ce traitement, les mineurs testent, de façon continuelle, des valeurs arbitraires jusqu'à ce qu'ils repèrent ce nombre spécial. Une fois combiné avec d'autres éléments importants du bloc actuel, le nonce satisfait une condition mathématique requise par le protocole Ethash. Le nonce est fort difficile à repérer mais une fois qu'il a été trouvé, il est aisé de vérifier qu'il s'agit du nombre correct.

La condition mathématique n'est pas statique : elle évolue selon le niveau de difficulté du bloc actuel. La difficulté de validation de chaque bloc est ajustée dynamiquement en fonction de la difficulté du bloc précédent et de bloc récents. Le nouveau niveau de difficulté pourrait être supérieur ou égal à celui du bloc précédent. L'ajustement dynamique permet d'assurer que les nouveaux blocs ne sont pas formés trop rapidement ou trop lentement durant une période prolongée.

Ne confondez pas le nonce du bloc avec celui de la transaction, qui indique la chronologie des transactions envoyées depuis un compte particulier.

Combien de « confirmations » avant la confirmation effective ?

Le bloc le plus récent est le plus vulnérable aux attaques car il n'est suivi d'aucun bloc. Un groupe malintentionné pourrait se coaliser pour lancer ce que l'on appelle une *attaque des 51 %*, ce qui signifie qu'il rassemblerait plus de la moitié de la puissance informatique du réseau. Son objectif serait de pouvoir dépenser les mêmes fonds deux fois (ce que l'on appelle la *double dépense*). Un tel groupe pourrait adopter la stratégie suivante :

1. **Soumettre une transaction en vue d'envoyer des ETH depuis un compte vers un exchange de crypto.**
2. **Une fois le bloc confirmé, convertir immédiatement les ETH en dollars puis retirer ces fonds.**
3. **Dans le même temps, inverser la transaction effectuée à l'étape 1 puis exploiter la force de calcul collective du groupe pour immédiatement trouver une nouvelle preuve de travail.**
4. **Répéter l'opération.**

En réalité, même s'il dispose d'une puissance de calcul suffisante pour résoudre à nouveau le bloc le plus récent (et donc l'altérer), ce groupe pourrait difficilement répéter l'opération sur une cinquantaine de blocs, car à chaque fois, il lui faudrait passer outre le consensus de confirmation de blocs du réseau.

Afin de contrer de telles attaques, les services de wallet requièrent souvent que plusieurs blocs successifs aient été confirmés avant de considérer qu'une transaction donnée est bel et bien confirmée. Ce nombre de confirmations requises avant que des fonds en attente ne soient crédités sur votre compte varie selon les cryptomonnaies et les plateformes. La Figure 6.13 montre le nombre de confirmations requis et le temps approximatif pour qu'une transaction soit considérée valide sur l'exchange Kraken.

Ainsi, Kraken requiert vingt transactions sur Ethereum (soit vingt confirmations) avant de mettre les fonds transférés à disposition. Pour sa part, Coinbase requiert trente-cinq confirmations et Gemini, seulement douze.

Figure 6.13

Le nombre de confirmations et le temps d'attente avant qu'une transaction ne soit validée sur Kraken diffère selon les cryptomonnaies.

Pré-requis de confirmation de Kraken

Crypto-monnaie	Confirmations requises	Durée estimée* Si inclus dans le prochain bloc.
0x (ZRX)	20 confirmations	5 minutes
1inch (1INCH)	20 confirmations	5 minutes
Aave (AAVE)	20 confirmations	5 minutes
Aavegotchi (GHST)	20 confirmations	5 minutes
Algorand (ALGO)	10 confirmations	45 seconds
Ankr (ANKR)	20 confirmations	5 minutes
Aragon (ANT)	20 confirmations	5 minutes
Augur (REP)	20 confirmations	5 minutes
Augur v2 (REPV2)	20 confirmations	5 minutes
Axie Infinity (AXS)	20 confirmations	5 minutes

Oncles et orphelins

Étant donné l'importance du réseau de nœuds de minage, tous en compétition pour la création de nouveaux blocs, on peut parfois se retrouver avec des preuves de travail produites simultanément ou presque. Dans ce cas de figure, deux blocs de même hauteur (de même numéro de bloc) sont créés et ajoutés à la blockchain – laquelle se trouve temporairement sous deux formes différentes. L'un des résultats va atteindre certains nœuds, et l'autre va en atteindre d'autres. Ainsi, pour un bref moment, certains auront des versions différentes de la blockchain.

Assez vite, l'une des chaînes devient plus longue que l'autre, car de nouveaux blocs y sont confirmés et acceptés. Au final, le réseau ne retient que la chaîne la plus longue (celle qui a accumulé le plus de travail) et donc un seul des blocs en balance avec un autre est confirmé par le réseau, tandis que l'autre devient périmé.

Sous Ethereum, le bloc périmé est appelé *bloc oncle* (voir Figure 6.14). Dans l'univers Bitcoin, on parle aussi de *bloc orphelin.*

Figure 6.14

Le bloc périmé, ou bloc oncle, sous Ethereum.

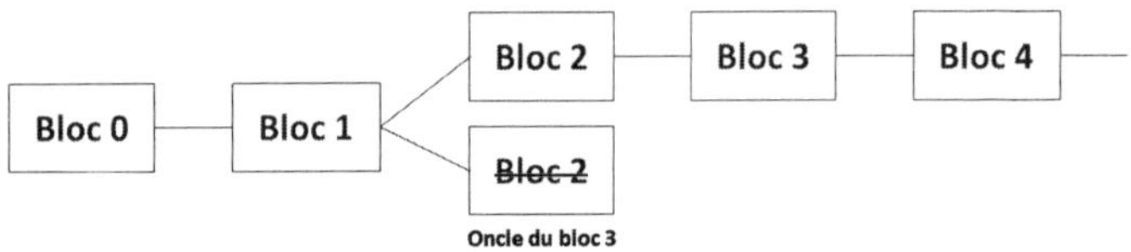

Les hard forks ou mises à jour du protocole

Dans une organisation décentralisée telle qu'Ethereum, les participants sont libres d'entrer et sortir quand bon leur semble, et de participer au niveau désiré. Ainsi, n'importe qui peut :

» **consulter l'historique intégral des transactions ;**

» **gérer une réplique de l'état de EVM ;**

» **participer en tant que mineur à confirmer et ajouter de nouveaux blocs à la blockchain.**

De plus, la communauté Ethereum publie des « *patches* » (correctifs) et mises à jour du protocole sous-jacent au réseau – le système de codes et de règles qui gouvernent Ethereum. N'importe qui est libre de proposer des mises à jour en soumettant un EIP (*Ethereum Improvement Proposal*,) proposition d'amélioration d'Ethereum). Un groupe appelé *Ethereum core developers* – des contributeurs particulièrement impliqués dans le développement du protocole – détermine quels EIP devraient être implémentés.

Les changements majeurs nécessitent un *fork* (une scission) du protocole. Dans ce cas de figure, tous les nouveaux blocs ajoutés suivent le nouveau protocole. Les *hard forks* (scissions majeures) de la blockchain Ethereum ne produisent pas de nouveau token car la communauté suit généralement la direction prise par les *core developers*. L'ancien protocole n'étant plus affecté par la moindre activité, il s'éteint de lui-même.

Une exception notable s'est produite lors du hard fork de l'Ethereum survenu en 2016, qui a produit deux tokens séparés : ETH et ETC (*Ethereum Classic*).

La guerre civile d'Ethereum

Des vunérabilités dans le logiciel de The DAO, un projet de gestion décentralisée sur Ethereum, ont engendré la perte de l'équivalent de 150 millions de dollars en ETH à la mi-2016. De façon totalement inhabituelle, la communauté Ethereum a choisi de créer un *hard fork* (une scission majeure) de la chaîne principale afin d'altérer l'historique de la chaîne principale et de la reprendre juste avant le hacking de The DAO.

Si la plupart des membres de la communauté Ethereum ont suivi cette blockchain avec un historique modifié, une minorité a refusé de façon catégorique d'adopter ce changement. En conséquence, la chaîne non modifiée s'est vu attribuer un autre token, ETC (Ethereum Classic).Cette monnaie est toujours en vigueur, mais sa valeur et son audience sont faibles en comparaison de ETH.

La blockchain ETC a elle-même subi plusieurs attaques de double dépense, et de ce fait, les exchanges requièrent davantage de confirmations avant de valider des fonds en ETC. À titre d'exemple, Kraken requiert 40 000 confirmations pour ETC, alors que 20 suffisent pour ETH.

De l'importance des smarts contracts pour EVM

Un *smart contract* est un programme qui, une fois déployé, est logé dans un compte de contrat spécial, avec une adresse unique dans EVM. Un smart contract est déployé par l'intermédiaire d'une transaction et requiert du gas. La façon de coder et de déployer un smart contract est expliquée au Chapitre 9.

Une fois déployé, un smart contract reste inactif jusqu'à ce qu'il soit enclenché par une transaction. Un grand nombre de transactions de la blockchain Ethereum sont conçues de façon à appeler des fonctions de divers smart contracts, qui peuvent à leur tour déclencher des appels à d'autres fonctions de smart contracts. Dans ce contexte, une fonction est un morceau de code conçu en vue d'accomplir une tâche spécifique (voir Figure 6.15). Un appel fait référence à une fonction localisée ailleurs – et ce peut être dans un autre smart contract.

Figure 6.15

Dans cet exemple, nous pouvons voir une transaction impliquant un appel à une fonction d'un smart contract – ici, avec le site de vente OpenSea.

Les smarts contracts définissent un ensemble de règles qui doivent être exécutées de façon automatique lorsqu'on y fait appel. Un smart contract conçu comme il se doit vérifie certaines conditions et lance des requêtes informatiques ou met à jour certaines données. Et tout cela se produit sans intermédiaire !

Comme pour toute application venant d'une source inconnue, il est bon d'agir avec prudence lorsqu'on interagit avec une application de smart contract sous Ethereum.

La naissance d'un smart contract

Supposons que vous souhaitiez déployer un smart contract afin de lever des ETH pour un nouveau fonds. À titre d'exemple, Blockchain Capital, une firme californienne de capital-risque, a levé dix millions de dollar *via* une offre du token BCAP, implémentée avec un smart contract sur Ethereum. Voici comment cela se passe :

1. **Vous soumettez une transaction contenant votre code « compilé » (transformé en code spécifique de l'ordinateur), puis spécifiez le prix du gas approprié et la limite de gas pour l'exécution.**

2. **Lorsque votre transaction a été confirmée et exécutée, votre compte de contrat est créé et une adresse lui est attribuée.**

3. **Peu après, imaginons qu'un investisseur potentiel soumette une transaction afin d'appeler la fonction de dépôt (*deposit*) de votre smart contract.**

4. **Une fois qu'un mineur a sélectionné cette transaction et confirmé le bloc, l'exécution de la transaction démarre et l'appel de la fonction deposit est enclenché.**

5. **La fonction deposit, à son tour, appelle une autre fonction interne qui vérifie que l'investisseur satisfait aux critères du fonds – par exemple, un minimum de dépôt en ETH et un âge minimal.**

6. **Si ces conditions sont remplies, la fonction deposit accepte le dépôt en ETH.**

7. **Si l'investisseur a indiqué une limite de gas adéquate, la transaction est pleinement exécutée et EVM est mise à jour.**

Et voilà ! Nous avons là le fonctionnement d'une application de levée de fonds qui s'exécute automatiquement avec un processus de validation sécurisé, à la fois décentralisé et autonome !

Dans le Chapitre 9, nous vous fournissons un guide pas à pas pour écrire, compiler et déployer votre propre smart contract sous Ethereum.

L'incroyable potentiel des dApps

S'il est un élément de la blockchain dont la vogue est en plein épanouissement, c'est celui des dApps (*decentralized applications*, applications décentralisées). Si elles séduisent autant le public des cryptomonnaies, c'est parce qu'elles promettent de démocratiser la finance et de supprimer les intermédiaires. Leur popularité est également liée à celle des cryptomonnaies, en croissance constante depuis quelques années. Nous l'avons vu, Ethereum est déjà en soi un Internet décentralisé – ce que l'on appelle couramment le Web3 ou Web 3.0. Les dApps constituent les sites décentralisés de ce système et reposent sur des smart contracts.

Un grand nombre de dApps existent déjà. En voici quelques exemples :

- » exécution d'une ICO (mise sur le marché d'une monnaie) ;
- » génération de tokens fongibles (cryptomonnaies) ;
- » création et échange de tokens non fongibles (NFT) ;
- » média social décentralisé ;
- » exchange (plateforme de trading) décentralisé ;
- » marché de paris décentralisés.

Limitations de EVM

EVM est un *système fermé*. Cela signifie que tout ce qui est sur Ethereum est auto-intégré, et que le consensus relatif à l'état de EVM n'est jamais mis en danger. Chaque nœud du réseau Ethereum pourrait exécuter toutes les transactions – depuis le bloc originel jusqu'au bloc le plus récent – et obtiendrait exactement la même blockchain, le même EVM jusqu'à son état le plus récent (par exemple, les soldes des comptes, l'activité des smart contracts et les données stockées).

Si EVM dépendait d'informations externes, des anomalies pourraient s'y glisser et court-circuiter l'exécution d'un contrat. Si la prochaine étape d'un smart contract dépend de la valeur en dollars du solde d'un compte en ETH, plutôt que de cette valeur en ETH, le caractère aléatoire de la conversion dollar-ETH pourrait modifier l'exécution d'un smart contract donné.

Qu'en résulte-t-il ? Les smart contracts ne peuvent émettre des appels qu'à des fonctions situées dans le contrat lui-même ou bien dans d'autres contrats présents sur EVM. Les smart contracts ne peuvent pas envoyer de requêtes HTTP pour transférer des données depuis Internet ou interagir avec des applications externes, ce qui pourrait compromettre le consensus entre nœuds.

Les oracles : la connexion au monde « extérieur »

À présent, posons que vous souhaitiez développer une application de paris dans EVM, destinée à envoyer des ETH à certains comptes si la température à Toulouse est supérieure à 10 degrés le 1er janvier 2023, comme indiqué sur le site `www.weather.com`. Nous avons vu qu'il n'est pas possible de programmer des smart contracts à même de requérir des informations en dehors de la blockchain. Comment faire alors pour obtenir ce type d'information de façon fiable et automatique sans sortir d'Ethereum Virtual Machine ?

Les oracles sont le moyen utilisé pour envoyer à EVM des informations structurées et mises à jour. Ainsi, pour votre application de paris, vous pourriez développer une application séparée qui accomplit ce qui suit :

1. **Soumettre des requêtes HTTP à `www.weather.com` à partir du 1er janvier 2023 à 12 h 00.**

2. **Si la température de Toulouse dépasse les 10° C, soumettre une transaction au réseau Ethereum, lui demandant d'envoyer cette information à l'adresse du smart contract qui loge l'application de paris.**

3. **Une fois que la transaction a été validée et exécutée, l'information de température déclenche l'application de paris afin qu'elle démarre le transfert de fonds au compte approprié.**

La fiabilité d'un oracle dépend de ses sources d'information et de la logique de programmation. À mesure que de nouvelles applications liées à la blockchain apparaissent, la demande pour des services d'oracle augmente. Ces services fournissent l'infrastructure d'accès à des données et à des calculs externes, comme dans ces exemples :

- **Génération de nombres aléatoires pour des jeux blockchain.** *CryptoKitties* a été le premier jeu de ce type à connaître une forte popularité (voir Chapitre 2).

- **Fournir des informations financières pour des applications de paris ou de la DeFi.** La DeFi (finance décentralisée) est un système qui offre des services financiers sur un réseau public décentralisé.

- **Fourniture d'informations depuis d'autres blockhains.** Le Bitcoin ou le Litecoin sont des exemples d'autres blockchains publiques.

Voici quelques exemples de services d'oracle :

- Chainlink : `https://chain.link`

- Provable : `https://provable.xyz`

- Witnet : `https://witnet.io`

La structure fondamentale d'Ethereum : révisions

Cette section revisite les termes et concepts évoqués tout au long de ce chapitre, en présentant leurs interdépendances.

Les termes essentiels

Les termes qui suivent sont essentiels à la compréhension d'Ethereum.

» **Ethereum Virtual Machine (EVM).** Ensemble d'ordinateurs opérant en mode décentralisé, dans lequel chaque participant stocke des copies à jour de l'état de EVM.

» **Ether (ETH).** Token natif d'Ethereum. Toutes les requêtes de calcul sur EVM nécessitent que l'on dispose de suffisamment de ETH pour qu'elles puissent s'exécuter.

» **Blockchain.** Système d'enregistrement dans lequel chaque transaction est placée par ordre chronologique de blocs, chaque bloc étant relié de manière cryptographique aux blocs qui le précèdent.

» **Registre distribué.** Système d'enregistrement public, accessible à quiconque souhaite y participer sans avoir à requérir de permission depuis une autorité centrale.

» **DAO (*decentralized autonomous organization*, organisation autonome décentralisée).** Organisation sans leader qui opère de manière autonome et maintient un consensus sur la base d'un réseau de règles et de smart contracts open source.

Les éléments de la blockchain

Les concepts qui suivent sont essentiels pour maîtriser ce qui relève de la crypto :

- **Mineur (nœud de minage).** Nœud (ordinateur) spécialisé voué à valider et à traiter des requêtes en résolvant des problèmes mathématiques. Ce travail est attesté par une preuve de travail et est récompensé par des commissions en ETH.

- **Mécanisme de consensus.** Fournit les règles qui permettent à un réseau décentralisé de continuer d'opérer en maintenant un accord sur l'information correcte et en rejetant les fausses informations de participants malhonnêtes.

- **EIP (*Ethereum Improvement Proposal*, proposition d'amélioration d'Ethereum).** Possibilité de proposer des mises à jour du protocole qui régit Ethereum.

- **Preuve de travail.** Protocole de sécurité qui demande aux participants de montrer qu'ils ont bel et bien effectué la validation des transactions.

- **Preuve d'enjeu.** Protocole de sécurité qui fait intervenir un nombre limité de participants dans la validation des transactions.

- **Hauteur de bloc.** Emplacement d'un bloc dans la blockchain. Le tout premier bloc (ou bloc de genèse) est numéroté 0.

- **Nonce de bloc.** Nombre qui atteste de la validation réussie par le mineur. Il est requis par le protocole d'Ethereum et permet au mineur d'ajouter un bloc à la blockchain.

- **Attaque des 51%.** Pourrait se produire si un groupe de mineurs représentait plus de la moitié de la puissance de calcul et l'utilisait pour manipuler le système.

- **Bloc oncle.** Bloc qui a été miné simultanément à un bloc valide d'une chaîne Ethereum qui continue pour sa part de progresser. Appelé « bloc orphelin » dans la blockchain Bitcoin.

- **Hard fork.** Changement majeur du protocole d'une blockchain, ce qui amène une scission permanente de cette blockchain. Dans la blockchain Ethereum, les hard forks ne produisent pas nécessairement de nouveaux tokens.

Les termes liés au gas

Les mots indiqués dans cette section sont importants pour la vitesse d'exécution d'une transaction.

» **Transaction.** Requête de calcul sur EVM.

» **TxnHash.** Code unique attribué à chaque transaction.

» **Prix du gas.** Nombre de ETH que vous êtes prêt à payer par unité de gas consommée par une transaction.

» **Limite de gas.** Maximum d'unités de gas que vous êtes prêt à débourser pour exécuter une transaction que vous avez soumise.

» **Frais de transaction.** Quantité totale de gas utilisée pour exécuter la transaction multipliée par le prix du gas.

Mais aussi...

Les termes qui suivent sont également essentiels à la compréhension d'Ethereum :

» **Smart contract.** Ensemble de code et de données posant des règles qui seront exécutées si on y fait appel.

» **dApp (*decentralized application*, application décentralisée).** Programme qui s'exécute sur EVM.

» **Oracle.** Méthode pour obtenir des informations en dehors de EVM.

DANS CE CHAPITRE

Compte détenu en externe et compte de contrat.

Différences entre réseaux principal et de test.

Wallets et comptes.

Paramétrer un compte.

Chapitre 7

Créer des comptes Ethereum

Ce chapitre vous explique comment définir plusieurs types de comptes Ethereum et approvisionner chacun d'eux. Dans la mesure où il s'agit de votre première étape concrète vers la création d'un NFT conforme à la norme ERC-720, il est recommandé de lire ce chapitre en intégralité afin d'en comprendre chaque aspect. Toutefois, si vous êtes pressé, vous pouvez passer directement à la section finale, « Préparer vos comptes (dans MetaMask) ».

Avant de plonger dans ce chapitre, vous devez avoir installé un wallet MetaMask et l'avoir approvisionné en ETH (en particulier si vous souhaitez miner un véritable NFT sur le réseau Ethereum). La marche à suivre est présentée aux Chapitres 2 et 4.

Les comptes détenus en externe

Un compte détenu en externe (EOA, *externally owned account*) est nécessaire pour soumettre des requêtes de calcul sur le réseau Ethereum. Un tel compte peut recevoir, stocker et émettre de l'ether (ou ETH, la cryptomonnaie native de la plateforme Ethereum), mais aussi interagir avec des smart contracts. Une requête pourrait être le transfert de fonds d'un EOA à un autre, ou l'appel de fonctions dans des smart contracts *via* EVM (*Ethereum Virtual Machine*, voir Chapitre 6).

Dans ce livre, le terme *compte* sous-entend un EOA (ou compte détenu en externe). Et, de fait, lorsque vous avez créé un compte dans MetaMask (comme expliqué aux Chapitres 2 et 4), il s'agissait bien d'un compte détenu en externe sur Ethereum. D'un bout à l'autre de ce livre, nous utilisons les termes *compte* et *EOA* de manière interchangeable.

Voici quelques points à garder à l'esprit :

» **Il vous faut un compte pour pouvoir soumettre des transactions sur le réseau Ethereum.**

» **Les comptes peuvent lancer des transactions pour interagir avec des smart contracts ou avec d'autres comptes.**

» **Les transactions entre comptes ne peuvent être que des requêtes de transfert de fonds (en ETH).**

» **Un compte n'est pas un wallet, et un wallet n'est pas un compte.**

Les services de wallet comme MetaMask ont pour objectif d'aider à gérer vos comptes Ethereum. De même que vous pouvez utiliser plusieurs logiciels différents pour lire les messages adressés à votre adresse e-mail, vous pouvez utiliser divers services de wallet pour accéder à vos comptes Ethereum. Vous pouvez néanmoins utiliser un wallet tel que MetaMask sur une autre blockchain qu'Ethereum, par exemple sur celle de Binance ou de Polygon. Une fois que vous avez sélectionné une blockchain particulière, vous opérez au sein de l'écosystème correspondant.

La création d'un compte est simple et gratuite. Elle ne coûte en effet pas le moindre ETH. Il faut juste que votre wallet soit approvisionné afin que vous puissiez soumettre des transactions, lesquelles ne sont pas gratuites et pas toujours simples (voir Chapitre 6).

Ce qu'implique la création d'un compte

Un grand nombre de services de wallet (comme MetaMask) autorisent la création de comptes. Ces services génèrent deux types de clés :

» **Une clé privée.** Vous utilisez cette clé pour accéder aux fonds de votre compte. Elle ne doit *jamais* être partagée.

» **Une clé publique.** Cette adresse publique peut être partagée avec d'autres comptes afin d'échanger des fonds.

Fondamentalement, vous n'avez nullement besoin d'un service de wallet pour générer votre paire de clés. Choisir une clé privée revient à choisir un nombre au hasard entre 0 et 2^{256}, soit un nombre supérieur à 1 000 milliards élevé à la puissance 6.

Étant donné le nombre de clés privés possibles, même si les 8 milliards de Terriens créaient chacun 1 000 comptes, le nombre total de comptes actifs – 8 000 milliards dans ce scénario – serait infime par rapport au nombre potentiel de clés privées. Donc, la probabilité de générer une clé privée déjà existante est quasiment nulle.

Un service de wallet s'occupe de gérer pour vous les opérations mathématiques, dont fait partie la génération de clés privées et publiques.

Les clés privées sont exprimées sous la forme de nombre hexadécimaux de 64 chiffres. Dans la notation hexadécimale, chaque chiffre est représenté par l'un de ces seize caractères : 0, 1, 2, 3, 4, 5, 6, 7, 8, 9, A, B, C, D, E et F. Par exemple, 412 en hexadécimal est égal à :

$$(4 \times 16^3) + (1 \times 16^2) + (2 \times 16^0)$$

soit 16 642 en mode décimal.

Et F9C3 équivaut à :

$$(15 \times 16^4) + (9 \times 16^3) + (12 \times 16^2) + (3 \times 16^0)$$

soit 1 022 979 en mode décimal.

Rappelez-vous qu'un nombre élevé à la puissance 0 est égal à 1.

Une fois que vous avez obtenu une clé privée, vous devez générer la clé publique correspondante en utilisant un algorithme ECDSA (*Elliptic Curve Digital Signature Algorithm*, algorithme de signature numérique sur courbes elliptiques). Bitcoin et Ethereum utilisent le ECDSA secp256k1 pour générer les clés publiques. Il faut ensute soumettre le résultat à un calcul de *hash* (un algorithme mathématique qui convertit une chaîne de caractères en une valeur inférieure) en utilisant la fonction keccak256, sélectionner les 40 derniers chiffres hexadécimaux puis ajouter « 0x » au début, afin de produire l'adresse de clé publique. La section « Signatures numériques » plus loin dans ce chapitre permet d'en découvrir davantage sur les algorithmes mis à contribution pour l'authentification.

Clés privées et publiques

Votre clé privée permet de retirer des fonds de votre compte, tandis que la clé publique est celle qui apparaît publiquement lorsque vous recevez des fonds dans votre compte. Si vous souhaitez accéder à l'un de vos comptes depuis un wallet différent de l'habituel, il faudra fournir votre clé privée.

Pour accéder aux clés privée et publique de votre compte dans MetaMask, procédez ainsi :

1. **Connectez-vous à MetaMask.**

   Le nom de votre compte (probablement Account 1 si vous ne l'avez pas renommé) apparaît sous la mention Réseau principal Ethereum (voir Figure 7.1). L'adresse (ou clé) publique apparaît juste au-dessous. Ainsi, l'adresse de l'adaptateur de ce livre commence par **0xC6d** et se termine par **1d4D**.

❷ Cliquez sur le nom du compte pour copier son adresse publique.

L'adresse publique compte 42 chiffres exprimés dans la notation hexadécimale – ou 40 chiffres hexadécimaux précédés par le préfixe 0x.

Figure 7.1

Le nom du compte et son adresse publique dans MetaMask.

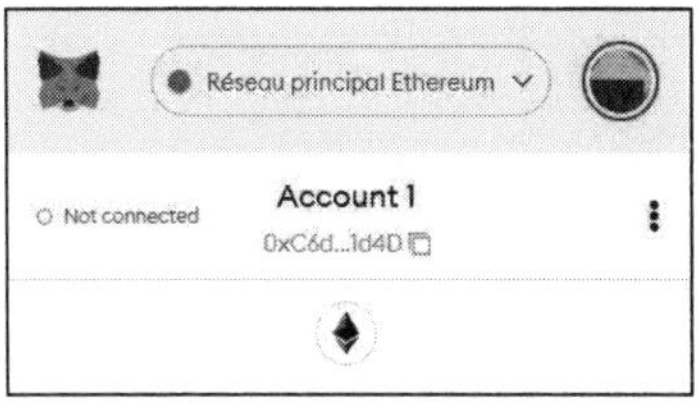

❸ Cliquez sur les trois points verticaux à droite du nom du compte, puis sur Détails du compte (voir Figure 7.2).

Figure 7.2

Le menu d'accès aux détails du compte.

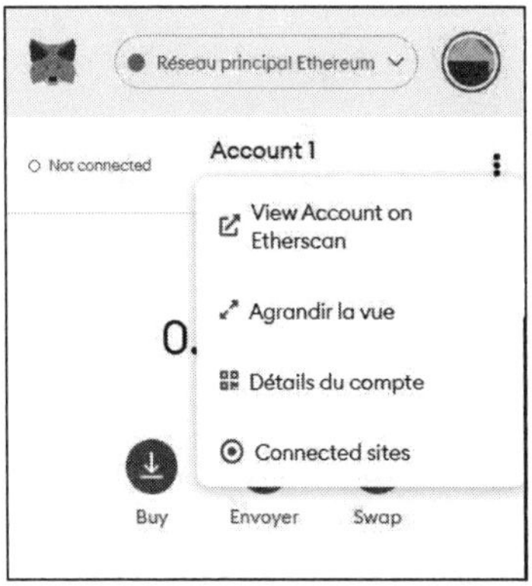

Un panneau avec les détails du compte s'affiche (voir Figure 7.3). Cliquez sur le bouton Exporter la clé privée.

Figure 7.3

Accès aux détails du compte : la clé publique et le code QR.

❹ **MetaMask vous demande d'entrer votre mot de passe (voir Figure 7.4). Après l'avoir tapé, cliquez sur Confirmer.**

Figure 7.4

MetaMask exige de taper votre mot de passe avant de dévoiler la clé privée.

Votre clé privée s'affiche (voir Figure 7.5). Vous pouvez la copier.

Figure 7.5

Vous voyez apparaître votre clé privée (dans cette image, nous l'avons masquée). Vous pouvez à présent la copier.

Sur la Figure 7.5, nous avons bien évidemment dissimulé ladite clé privée. Comme l'indique l'avertissement affiché par MetaMask, et au risque de nous répéter, ne révélez *jamais* cette clé, car quiconque y aurait accès pourrait dérober tous les actifs de votre compte. Cette clé est vouée à demeurer secrète.

Le couple clé privée-clé publique sert à un wallet tel que MetaMask pour confectionner une signature numérique unique permettant de valider une transaction.

Signatures numériques

Comment le couple clé privée-clé publique permet-il de certifier que vous êtes le seul à pouvoir dépenser les ETH se trouvant sur votre compte ? En générant une signature numérique, résultant d'un algorithme mathématique, qui permet de valider l'authenticité d'un message ou d'un document numérique. Voici un exemple simple de ce processus :

» **Une clé publique unique correspond à chaque clé privée.**

» **Le fait de révéler votre clé publique ne permet aucunement de trouver votre clé privée.**

» **La combinaison de votre clé publique et des informations de transaction permet de former une signature numérique.**

» **Cette signature, qui accompagne votre requête de transaction, est diffusée sur le réseau.**

» **Lorsque les validateurs appliquent votre clé publique à la signature numérique, ils sont en mesure de reconstituer les informations de la transaction.**

Supposons que votre clé privée secrète, `Kpriv`, soit égale à 7 et que la clé publique correspondante, celle qui est partagée sur le réseau, `Kpub`, soit égale à {3, 33}. Supposons enfin que vous souhaitiez envoyer 16 ETH depuis votre compte.

Les étapes qui suivent montrent, d'une manière simplifiée, comment la signature numérique peut prouver que vous êtes bien le propriétaire légitime du compte :

1. **Élevez le nombre 16 (le montant à envoyer) à la puissance 7 (la clé privée) puis divisez le résultat par 33 (une partie de la clé publique).**

   En d'autres termes, divisez 16^7 par 33. Le reste de cette division est égal à 25. C'est ce nombre qui va constituer la signature numérique de cette transaction et prouver que vous êtes le propriétaire légitime du compte.

2. **Soumettez votre transfert de 16 ETH avec la signature numérique de 25.**

   Autrement dit, diffusez la paire de nombres {16, 25} sur le réseau à des fins de vérification.

3 Pour vérifier que vous êtes bien le propriétaire du compte, les validateurs appliquent votre clé publique {3, 33} en élevant 25 à la puissance 3 et en divisant le résultat par 33.

Le résultat de cette division est égal à 16, ce qui prouve que vous êtes bien le propriétaire légitime du compte concerné.

Si un utilisateur malicieux tente de retirer des fonds de votre compte, il ne peut le faire sans votre clé privée. Supposons que cet utilisateur malicieux, en tentant de deviner votre clé privée tombe sur la valeur `Kpriv = {8}`. Voici ce qui va alors se passer :

1 Pour signer le transfert de 16 ETH, l'utilisateur malicieux élève 16 à puissance 8 (au lieu de 7), puis divise le résultat par 33 en utilisant votre clé publique {3, 33}. Le restant de l'opération est égal à 4, et c'est ce nombre qui est diffusé sur le réseau.

2 L'utilisateur malicieux soumet la transaction avec la signature numérique {16, 4}.

3 Les validateurs élèvent le chiffre 4 à la puissance 3 puis divisent le résultat par 33. Comme le résultat de cette division est égal à 31 et non à 16, cette transaction est rejetée.

Telle est la magie des signatures numériques. Bien évidemment, cet exemple est simplifié à l'extrême. Mais il montre bien comment les paires de clés et les signatures numériques permettent de démontrer que vous êtes le propriétaire légitime de votre compte, sans qu'il ne soit jamais nécessaire de dévoiler vos clés privées.

Découvrir les comptes de contrat

Les comptes de contrat, généralement désignés sous le terme de *smart contracts* ou abrégés en « contrats », servent à stocker du code et des données à une adresse spécifique de EVM. En essence, lorsque vous déployez un logiciel dans EVM, vous créez un compte de contrat dans lequel loge ce programme.

Les comptes de contrat diffèrent des comptes détenus en externe de plusieurs façons :

» Les contrats vont vous coûter de l'ETH. La création d'un compte de contrat est en soi une transaction qui doit être lancée depuis un compte détenu en externe.

» Les contrats ne peuvent pas lancer de transactions. Une fois créés, les contrats restent au repos jusqu'à ce qu'ils soient enclenchés par une transaction. Un compte de contrat peut être appelé par un autre compte de contrat, mais cette suite d'appels doit provenir au départ d'un compte détenu en externe.

» Les contrats n'ont pas de clé privée. Les comptes de contrat ne peuvent avoir que des adresses publiques qui – comme pour les comptes détenus en externe – sont représentées par des nombres hexadécimaux de 42 chiffres.

  Comme on ne peut lancer une transaction depuis un compte de contrat, celui-ci n'a pas besoin d'avoir de clé privée.

Une fois qu'un contrat a été déployé sur EVM, il est public et n'importe qui peut y accéder. Chacun est libre d'utiliser les fonctions logées dans le contrat et même d'accéder à son code source, que vous pouvez trouver dans la blockchain publique de la façon suivante :

1. **Allez à l'adresse `https://etherscan.io`.**

2. **Dans le menu Blockchain, sélectionnez l'option Verified Contracts.**

3. **Cliquez sur l'adresse de l'un des contrats. Sur la partie inférieure de l'écran, vous voyez apparaître son code source (voir Figure 7.6).**

Bien qu'il faille payer du gas pour la création d'un contrat, une fois que le compte de contrat a été créé, vous n'avez aucuns frais de maintenance à débourser pour son fonctionnement. Quiconque souhaite faire appel à des fonctions présentes au sein de ce contrat doit émettre une requête depuis un compte détenu en externe. Il paiera alors le gas nécessaire à l'accomplissement de cette transaction.

Figure 7.6

Le code d'un contrat, affiché sur etherscan.io.

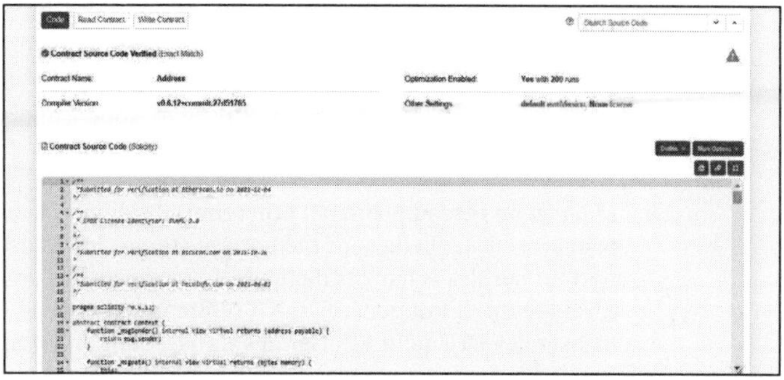

Créer un compte de contrat implique de soumettre une transaction qui contient votre code sans spécifier d'adresse de destination. En d'autres termes, vous ne créez pas un compte de contrat de la même façon qu'un compte détenu en externe.

Voici les points importants à retenir concernant les comptes de contrat :

- **Pour créer un compte de contrat, le code de votre smart contract doit déjà être prêt.**
- **Depuis un compte détenu en externe, vous devez soumettre au réseau une transaction Ethereum qui contient votre code compilé, sans spécifier de destinataire.**
- **Une fois validé et miné, votre smart contract dispose de sa propre adresse publique sur la blockchain Ethereum, et n'importe qui peut l'utiliser ou le consulter.**

Avant de créer un compte de contrat, vous devez suivre les étapes de la dernière section de ce chapitre, « Préparer vos comptes (dans MetaMask) », afin de paramétrer vos comptes détenus en externe. Par la suite, vous devrez compléter les étapes de paramétrage de votre environnement de développement telles qu'exposées au Chapitre 8. Vous pourrez alors déployer votre premier smart contract, comme l'explique le Chapitre 9.

Différence entre environnements publics et privés

Les réseaux publics ne nécessitent aucune permission. N'importe qui peut y participer sans requérir d'autorisation d'une autorité centrale. Deux types de réseaux publics sont importants dans l'écosystème Ethereum :

» ***Mainnet* ou réseau principal Ethereum.** Il s'agit de la blockchain primaire sur laquelle sont mémorisées toutes les transactions portant sur des échanges de fonds. Lorsque quelqu'un parle d'Ethereum, il fait généralement référence au *mainnet*. Il faut utiliser des ETH pour réaliser des transactions sur le mainnet.

» ***Testnets* ou réseaux de test.** Ces réseaux permettent aux développeurs de tester diverses caractéristiques de leur contrat (programme) avant de le placer sur le mainnet. Ils nécessitent des ETH de test plutôt que la monnaie réelle.

Avant même d'opérer sur un réseau de test, les développeurs testent leur code sur un environnement de développement local, qui a l'avantage d'être plus rapide et plus simple.

Environnements de développement local

Les environnements de développement local sont privés et vous fournissent ce que l'on appelle un *sandbox* (bac à sable) dans lequel on peut observer comment un smart contract se comporterait une fois déployé. Les sandboxes sont sans risque puisqu'il s'agit d'environnements de test conçus pour l'expérimentation. Le code contenu dedans étant isolé, les erreurs ne peuvent produire aucun dommage ni congestion du réseau.

Ces environnements locaux (tels que Ganache, présenté au Chapitre 8) simulent la blockchain Ethereum en fournissant une blockchain privée avec des comptes de test préconfigurés. À la différence d'un réseau public, vos transactions sont exécutées de façon automatique afin d'aider au débogage de vos contrats sans avoir à attendre que vos blocs soient minés *via* un processus complexe de preuve de travail (voir Chapitre 6).

Les réseaux de test

Les testnets publics fournissent un environnement plus proche du fonctionnement du mainnet Ethereum. À la différence des environnements de développement local, les testnets reposent sur des blockchains publiques qui suivent la plupart des règles de la blockchain Ethereum principale.

Les réseaux de test proposent une passerelle vers Ethereum sans qu'il soit nécessaire de gaspiller des ETH réels pour tester des contrats : vous utilisez pour cela des ETH de test.

Il y a deux sortes de testnets :

» **Preuve de travail.** Un seul réseau de test repose sur un protocole de preuve de travail : Ropsten Test Network. Comme c'est le plus proche de ce qui se passe sur le mainnet Ethereum dont la preuve de travail fait office d'autorité principale (voir Chapitre 6), nous privilégions ce testnet.

» **Preuve d'autorité.** Les autres réseaux de test (Kovan, Rinkeby et Görli/Goerli) reposent sur un protocole de consensus à preuve d'autorité. Dans ce type de protocole, un groupe de nœuds est autorisés à valider les transactions et à ajouter de nouveaux blocs aux blockchains du testnet.

Mainnet ou réseau principal Ethereum

C'est dans le réseau principal d'Ethereum (ou mainnet) que se produit tout ce qui a une valeur quelconque. La plupart des NFT dont vous avez pu entendre parler dans les actualités ou que vous avez pu envisager d'acheter (tels que les CryptoKitties présentés au Chapitre 2) résident sur le réseau Ethereum.

Chaque fois que quelqu'un évoque Ethereum de façon générale, il se réfère à son mainnet et non aux divers réseaux de test ou environnements privés de développement.

Préparer vos comptes (dans MetaMask)

Connectez-vous à votre portefeuille MetaMask (voir Chapitres 2 et 4). Ce dernier peut accueillir plusieurs comptes, et vous pouvez en créer autant que vous le souhaitez, comme le montre la Figure 7.7. Disposer de plusieurs comptes vous aide à dissocier votre compte mainnet (qui contient des ETH réels) de vos comptes testnet (réseaux de test et local).

Figure 7.7

Il est aisé de créer de nouveaux comptes séparés du compte principal dans MetaMask.

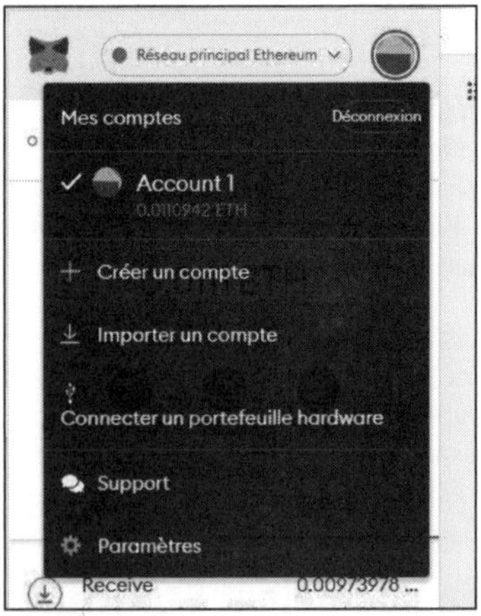

Pour créer un nouveau compte, cliquez sur le cercle de couleur dans le coin supérieur droit de l'application MetaMask (voir Figure 7.7) puis sur Créer un compte. Chaque nouveau compte ainsi créé disposera de ses propres clé privée unique et adresse publique. Nous recommandons de gérer au moins trois comptes séparés, avec les noms suivants :

» compte mainnet (réseau principal) ;

» compte testnet ;

» compte local.

Dans les chapitres qui suivent, nous vous montrerons comment définir votre environnement de développement (voir Chapitre 8) et vous préparer à déployer des smart contracts (voir Chapitre 9). Croyez-le bien : lorsque vous aurez atteint cette étape, vous serez heureux d'avoir établi ces comptes séparés de votre compte principal !

Nous faisons référence à ces noms de comptes tout au long du guide de paramétrage présenté dans cette section et aussi dans les Chapitres 8 à 11 dédiés à la création votre token NFT conforme à ERC-721.

Renommer des comptes dans MetaMask

Si vous avez déjà créé des comptes et souhaitez les renommer, voici comment procéder :

1. **Sélectionnez le compte que vous souhaitez renommer.**

2. **Cliquez sur les trois points affichés verticalement à droite du nom du compte (voir Figure 7.8).**

Figure 7.8

Pour modifier le nom d'un compte, il faut d'abord cliquer sur les trois points.

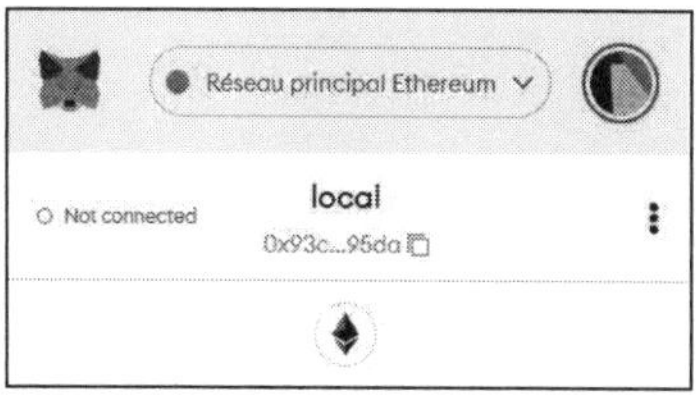

3. **Dans le menu, choisissez Détails du compte.**

   Vous voyez apparaître la clé publique et le code QR sous le nom du compte (voir Figure 7.9).

Figure 7.9

L'icône de crayon permet de changer le nom du compte.

❹ **Cliquez sur l'icône en forme de crayon à droite du nom. Vous pouvez alors changer ce dernier, ce qu'il faudra confirmer.**

Figure 7.10

Renommer un compte sous MetaMask.

Changer le nom d'un compte sous MetaMask ne modifie ni sa clé privée ni sa clé publique.

Ajouter des ETH dans vos divers comptes

Une fois que vous avez défini les comptes de test et local, il vous faut les alimenter en ETH. Nous présupposons ici que vous avez déjà approvisionné votre compte principal comme indiqué au Chapitre 2 ou 4.

Rappelons les différences à retenir pour chacun de ces comptes :

» **Compte mainnet.** C'est votre compte principal, celui qui vous sert à effectuer des transactions.

» **Compte local.** Alimenter le compte local est simple et peu coûteux car l'environnement de test est limité à votre système personnel. Les ETH n'ont aucune valeur en dehors de cet environnement de test local. (Vous ne pouvez pas le dépenser en dehors de cet environnement local.)

  Lorsque vous démarrez une blockchain privée, votre environnement local de développement crée des comptes locaux préalimentés avec des ETH de test en local. Nous expliquons au Chapitre 8comment importer ces comptes locaux dans MetaMask, avec leurs fonds de test.

» **Compte testnet.** Pour faire fonctionner vos transactions de test sur les réseaux de test publics, il vous faut des ETH de test spécifiques. C'est à ce niveau que les *faucets* entrent en jeu. Un faucet ETH de test vous fournit des ETH de test à intervalles réguliers, mais vous ne pouvez en requérir qu'un certain nombre sur une période donnée.

Approvisionner votre compte de test

Vous pouvez approvisionner votre compte de test avec des ETH de test de divers testnets. MetaMask fournit la liste de ces réseaux. Rendez-vous sur l'un d'entre eux afin d'obtenir vos ETH de test. Nous utilisons ici Ropsten Ethereum Faucet pour alimenter notre compte testnet, car par la suite, nous passerons par le réseau Ropsten pour tester notre smart contract.

Voici la marche à suivre :

1. **Rendez-vous sur la page Ropsten Ethereum Faucet à l'adresse `https://faucet.ropsten.be`, comme dans la Figure 7.11.**

Figure 7.11

Pour opérer une requête pour un faucet de Ropsten Ethereum.

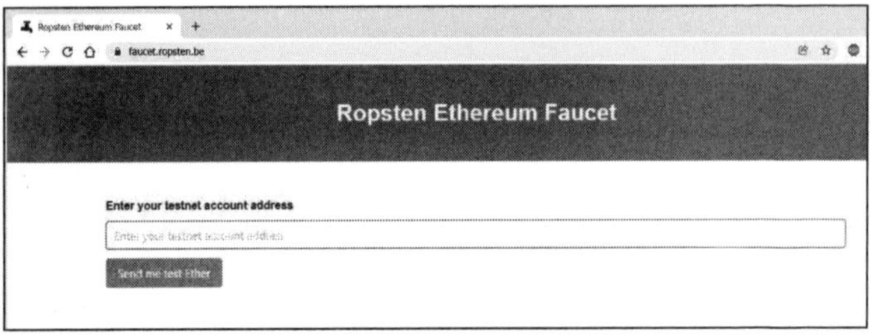

2. **Connectez-vous à votre compte MetaMask.**

3. **Cliquez sur le menu déroulant de façon à changer de réseau et sélectionnez Réseau de test Ropsten, comme sur la Figure 7.12.**

   Si vous ne voyez pas apparaître cette option, affichez les paramètres de MetaMask depuis le bouton circulaire en haut à droite, puis sélectionnez Paramètres, Paramètres avancés et activez l'option Show Test Networks.

4. **Sélectionnez le compte testnet (à partir du bouton circulaire en haut à droite). Copiez l'adresse du compte, comme dans la Figure 7.13.**

5. **Collez cette adresse de compte dans la barre de recherche de Ropsten Ethereum Faucet puis cliquez sur le bouton Send me test Ether (m'envoyer des ETH de test), comme dans la Figure 7.14.**

❻ **Attendez quelques secondes.**

L'opération peut parfois prendre du temps. Si necessaire, vous pouvez tenter votre chance à l'adresse `https://faucet.dimensions.network/`.

❼ **Vérifiez votre compte MetaMask : il devrait être approvisionné avec 1 ETH de test (voir Figure 7.15).**

Figure 7.12

Sélection du réseau de test Ropsten dans MetaMask.

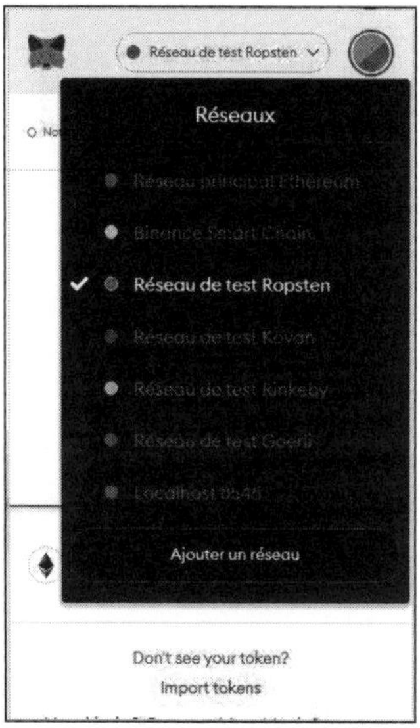

Figure 7.13

Copie de l'adresse du compte testnet depuis MetaMask.

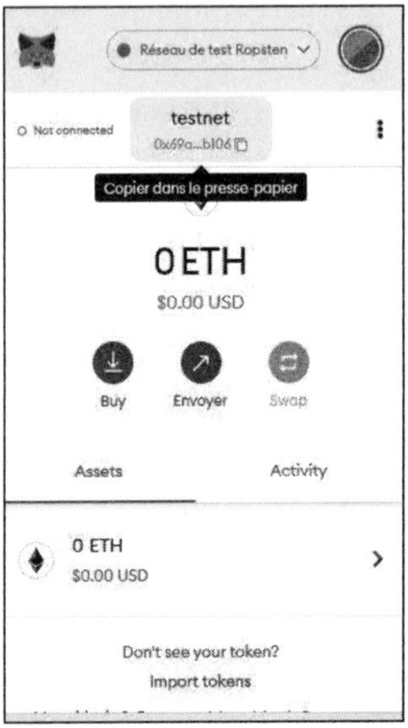

Figure 7.14

Collez l'adresse dans la barre de recherche de Ropsten Ethereum Faucet pour demander l'envoi de ETH de test.

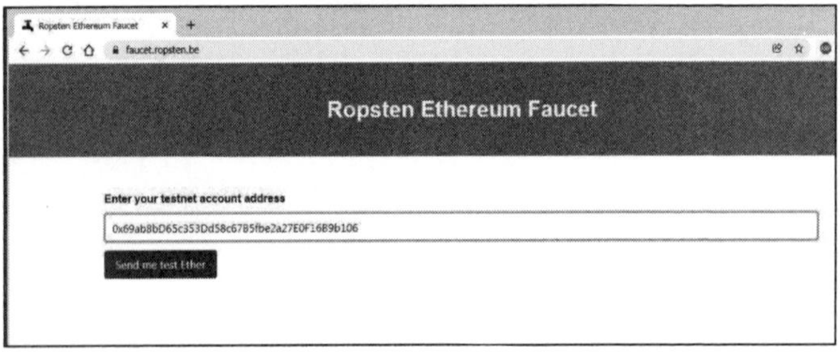

Figure 7.15

Le portefeuille du compte testnet a été alimenté en ETH de test dans MetaMask.

Votre compte testnet est à présent alimenté en ETH !

Si vous avez attendu plus de dix minutes et qu'aucun ETH ne soit arrivé sur votre compte testnet, vérifiez que vous êtes bien sur le réseau de test Ropsten, comme expliqué à l'Étape 3 ci-dessus.

Les faucets testnet ne fournissent pas un nombre illimité de ETH de test. Si vous renouvelez cette demande peu après l'avoir effectuée, vous serez placé en « liste grise », et devrez attendre vingt-quatre heures avant de pouvoir réitérer votre demande (voir Figure 7.16).

Figure 7.16

Si vous renouvelez trop rapidement la demande d'ethers sur Ropsten Ethereum Faucet, vous risquez d'être placé en « liste grise » (*greylisted*).

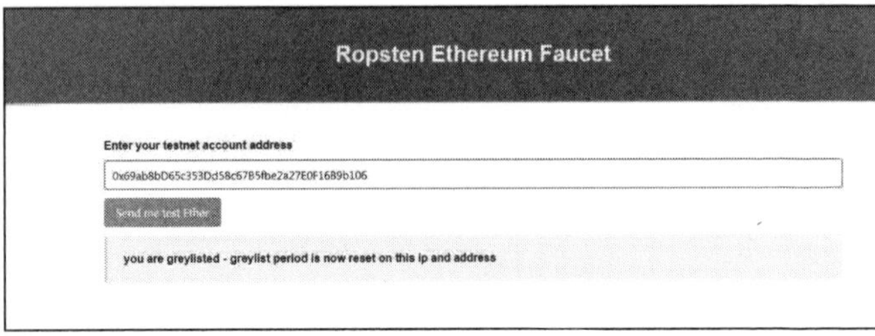

Explorer la blockchain du testnet Ropsten

Tout comme pour le mainnet Ethereum, vous pouvez voir les transactions effectuées sur la blockchain de testnet Ropsten. Voici comment procéder :

1. **Allez sur la page `https://ropsten.etherscan.io`.**

   La liste des transactions qui viennent d'être effectuées s'affiche (voir Figure 7.17).

Figure 7.17

Les transactions sur le réseau de test Ropsten.

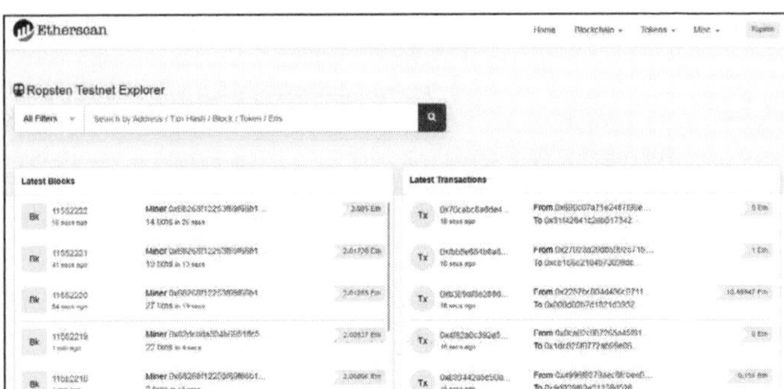

❷ **Collez dans la barre de recherche l'adresse de votre compte testnet, puis cliquez sur l'adresse de la transaction.**

Vous voyez apparaître le transfert de ETH de test qui vient d'avoir lieu (voir Figure 7.18).

Figure 7.18

La transaction de faucet qui vient d'être effectuée.

Les transactions qui se déroulent sur le réseau de test ne se retrouveront pas sur le mainnet Ethereum et ne seront donc pas visibles sur `https://etherscan.io`, comme le montre la Figure 7.19.

Figure 7.19

Le réseau principal Ethereum ne reflète pas la transaction qui vient d'avoir lieu sur le testnet Ropsten.

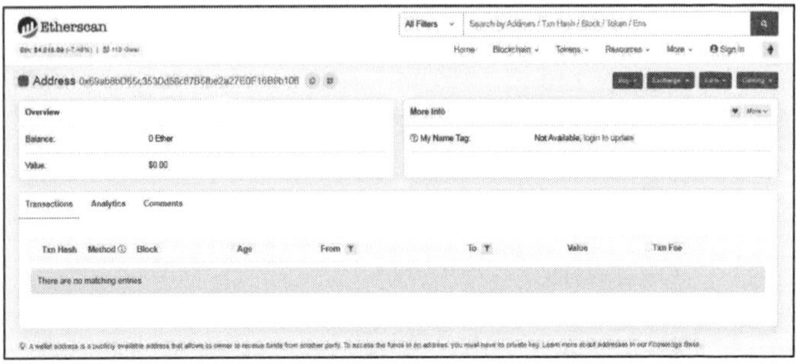

Un solde qui disparaît ?

Si vous voyez soudain apparaître un solde fort différent de ce qu'il devrait être, pas de panique ! Il est probable que vous avez changé de réseau.

Si vous passez du réseau de test Ropsten (testnet) au réseau principal Ethereum (mainnet), le solde sera de 0 ETH pour votre compte de test (voir Figure 7.20).

Figure 7.20

Le compte testnet qui a été alimenté sur le réseau de test Ropsten contient 0 € lorsque vous le consultez sur le réseau principal Ethereum (mainnet).

Inversement, vous ne verrez pas apparaître dans votre compte du réseau de test Ropsten les ETH que vous avez pu placer sur le réseau principal Ethereum (mainnet).

Et voilà : vous avez créé un compte testnet et l'avez approvisionné en ETH de test. Nous mettrons ce compte à profit plus loin.

DANS CE CHAPITRE

Piles de développement et environnements de développement intégré.

Établir un environnement de développement local avec Ganache.

Connecter un wallet MetaMask à un réseau local.

Synchroniser Remix IDE et un wallet MetaMask.

Chapitre 8
Bâtir un environnement de développement

Dans ce chapitre, nous vous présentons les éléments d'une « pile de développement » (*solution stack*) Ethereum et vous guidons à travers les étapes à suivre pour établir un environnement de développement local avec Ganache. Nous vous montrons aussi comment configurer votre wallet MetaMask afin de le connecter à votre environnement de développement local et importer au moins un de vos comptes locaux. Pour finir, nous abordons la synchronisation de Remix IDE et de votre portefeuille MetaMask.

Le Chapitre 7 décrit la première grande étape dans la conception d'un token non fongible (NFT) conforme à ERC-720, avec la création de vos comptes. Le présent chapitre aborde la deuxième grande étape, à savoir comment définir votre environnement de développement. Nous recommandons fortement la lecture complète de ce chapitre afin que vous puissiez comprendre les caractéristiques fondamentales et les choix à opérer au fur et à mesure. Si vous êtes impatient de vous mettre au développement, vous pouvez aller directement à la section « Construire votre environnement de développement ».

Pour réaliser les étapes de ce chapitre, vous devez au préalable avoir accompli ceci :

» installation du wallet MetaMask (voir Chapitres 2 et 4) ;

» création d'au moins trois comptes détenus en externe :

- mainnet (réseau principal) ;
- testnet (réseau de test) ;
- local.

Ces comptes doivent être approvisionnés avec des ETH réels pour votre compte de réseau principal (mainnet) Ethereum (voir Chapitres 2 et 4) et des ETH de test pour votre compte de test (voir Chapitre 7).

Explorer les piles de développement Ethereum

Une pile de développement (*solution stack*) fait référence à un ensemble de composants logiciels qui créent un environnement complet – sans la nécessité du moindre sous-système additionnel – de développement, de déploiement et d'exécution de vos applications. Vous pouvez personnaliser cette pile ou choisir des piles préexistantes. Dans cette section, nous vous expliquons quels sont ces composants et comment bâtir votre propre pile.

Les éléments d'une pile de développement Ethereum

Voici la liste des éléments essentiels d'une pile Ethereum :

» **L'application pour l'utilisateur.** Bien évidemment, au sommet de la pile se trouve l'application elle-même ! *CryptoKitties* (voir Chapitre 2) est un exemple d'application Ethereum.

» **L'API client Ethereum.** Une API (*Application Programming Interface*, interface de programmation d'applications) est un pont entre plusieurs applications, qui leur permet de communiquer entre elles. Une API client Ethereum permet à une application d'accéder à des informations présentes sur la blockchain Ethereum (par exemple, des données de transactions accomplies auparavant). Une API client Etherum permet aussi à l'application de soumettre des transactions au réseau Ethereum afin que :

- des fonds puissent être transférés ;
- de nouveaux smart contracts puissent être déployés ;
- du code présent sur des smart contracts existants puisse être exécuté.

L'API incluse dans l'extension MetaMask est un bon exemple d'une API client Ethereum.

» **Des nœuds et des clients.** Les *nœuds* Ethereum sont des ordinateurs agissant comme des *clients* Ethereum, ce qui signifie qu'ils exécutent un logiciel client qui adhère aux règles selon lesquelles Ethereum valide des transactions, les exécute et les enregistre.

» **Les smart contracts.** Les smart contracts contiennent le code exécutable sur lequel s'appuient les applications destinées aux utilisateurs, pour accomplir diverses tâches. Le Chapitre 9 vous en apprend davantage sur les smart contracts, et vous amène à déployer le vôtre.

» **Ethereum Virtual Machine.** À la base de n'importe quelle pile Ethereum (*stack*) se trouve Ethereum Virtual Machine (EVM). Présenté dans le Chapitre 6, EVM embrasse le système distribué de nœuds qui maintient des copies mises à jour de la blockchain Ethereum.

Dans ces diverses couches de l'Ethereum stack, plusieurs éléments vous aideront à bâtir un token NFT conforme à ERC-721 :

» l'API client Ethereum ;

» les éléments requis pour développer, tester et déployer des smart contracts – soit un compilateur de code source et un environnement de test.

Les piles préexistantes

Il existe de nombreuses piles de développement préconfigurées. Chacune diffère en termes de complexité et d'ambition. Vous pouvez les découvrir sur cette page : `https://ethereum.org/fr/developers/local-environment/` (voir Figure 8.1).

Figure 8.1

Les piles de développement préexistantes présentes sur ethereum.org.

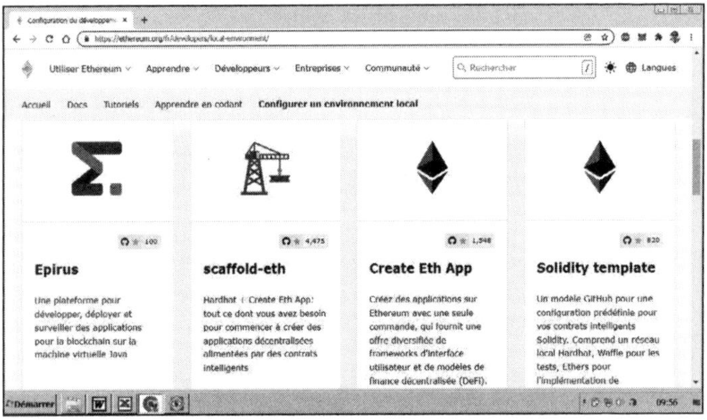

Hélas, aucun package ne propose une pile de développement complète et immédiatement prête à l'usage. Heureusement, de nombreux prototypes vous guideront dans l'installation des composants.

Dans le cadre de ce livre, nous avons choisi la combinaison de composants la plus simple possible. Elle vous fournira suffisamment de flexibilité pour personnaliser les caractéristiques de votre NFT. Et pour ce faire, vous n'aurez pas à travailler en mode interface de ligne de commande – une approche plus complexe, habituelle chez les développeurs Ethereum.

Les interfaces graphiques proposent un espace de travail visuel plus aisé que les interface de ligne de commande, lesquelles nécessitent de taper du texte.

Notre guide pas à pas repose sur trois éléments spécifiques :

» MetaMask, pour l'API client Ethereum ;

» Ganache pour la blockchain de test local ;

» Remix IDE comme compilateur de code source.

Rappelons qu'un compilateur transforme le code que vous avez rédigé (code source) en un code plus proche du mode opératoire de l'ordinateur.

Construire votre environnement de développement

Dans cette section, nous vous expliquons la marche à suivre pour implémenter une blockchain locale sur votre ordinateur personnel. Nous vous montrons ensuite comme configurer votre wallet MetaMask afin de pouvoir l'utiliser avec votre environnement de développement local, comme avec Remix IDE.

Définir votre environnement local de test de blockchain

Comme expliqué dans le Chapitre 7, un environnement de développement local est un endroit privé et sécurisé qui permet de déployer et tester vos smart contracts.

Pour définir votre environnement local de développement, suivez ces étapes d'installation de l'application Ganache (Ganache GUI), qui fait partie de la suite Truffle destinée aux développeurs de smart contracts.

1. **Ouvrez la page `www.trufflesuite.com/ganache` puis cliquez sur le bouton Download (voir Figure 8.2) pour télécharger l'application Ganache.**

Figure 8.2

Téléchargement de l'application Ganache.

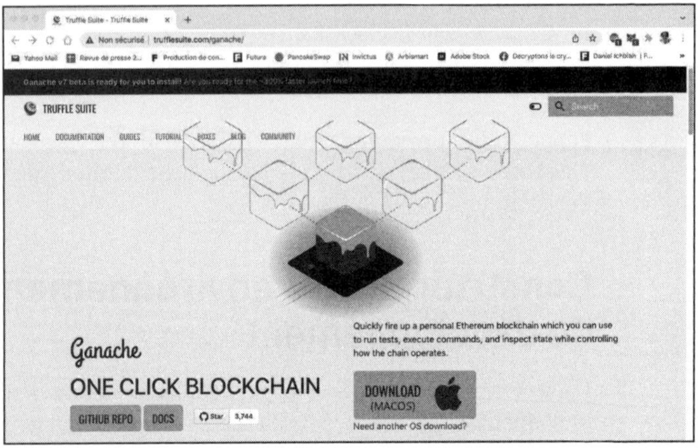

❷ **Une fois le téléchargement achevé, double-cliquez sur le package d'installation et procédez à l'installation de Ganache (voir Figure 8.3).**

Figure 8.3

Installation de Ganache.

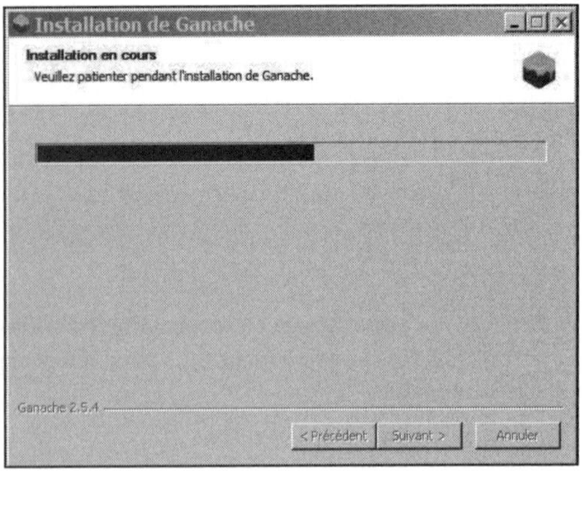

❸ **Une fois l'installation achevée, lancez Ganache. Deux options sont disponibles sur la page d'accueil. Choisissez Quickstart Ethereum (voir Figure 8.4).**

Ganache crée une blockchain locale avec des comptes de test qui miment les comptes détenus en externe (voir Figure 8.5). Par défaut, Ganache a créé dix comptes de test, chacun avec un solde de 100 ETH, et qui ne peuvent être utilisés que dans cet espace de travail.

Figure 8.4

L'écran d'accueil de Ganache.

Figure 8.5

L'écran de Ganache affiche dix comptes simulés avec pour chacun un solde de 100 ETH.

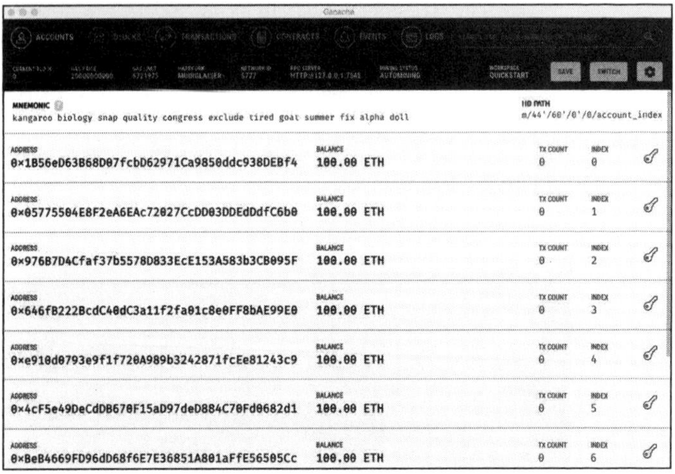

❹ **Cliquez sur l'onglet Blocks (à droite de l'onglet Accounts) pour voir le registre de blockchain de votre espace actuel.**
Comme nous sommes au tout départ, vous n'avez qu'un seul bloc : le Block 0 ou bloc de genèse (voir Figure 8.6).

Figure 8.6

Le bloc de genèse au moment où nous démarrons Ganache.

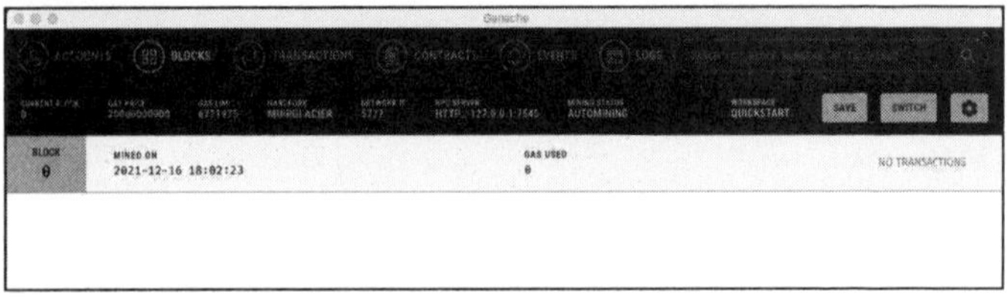

❺ **Sauvegardez votre espace de travail en cliquant sur le bouton SAVE situé en haut et à droite.**

Ganache attribue un nom aléatoire à votre espace de travail.

Vous pouvez mettre à jour le nom proposé par Ganache en cliquant sur la roue dentée située sur la droite. À titre d'exemple, nous avons nommé notre espace de travail « danic space » (voir Figure 8.7). Notons que sur MacOS, il faut choisir New Workspace Ethereum pour pouvoir attribuer le nom que vous désirez à votre espace.

Figure 8.7

Attribution d'un nom personnalisé au workspace.

Figure 8.8

Le nom que vous avez attribué à votre workspace apparaît sur la droite sous la mention Workspace.

❻ **Fermez puis rouvrez Ganache. L'espace de travail que vous avez sauvegardé apparaît sur l'écran d'accueil. Il suffit de le sélectionner pour le rouvrir (voir Figure 8.9).**

Figure 8.9

L'écran d'accueil de Ganache, une fois l'application relancée, propose de charger l'espace de travail que nous avons créé.

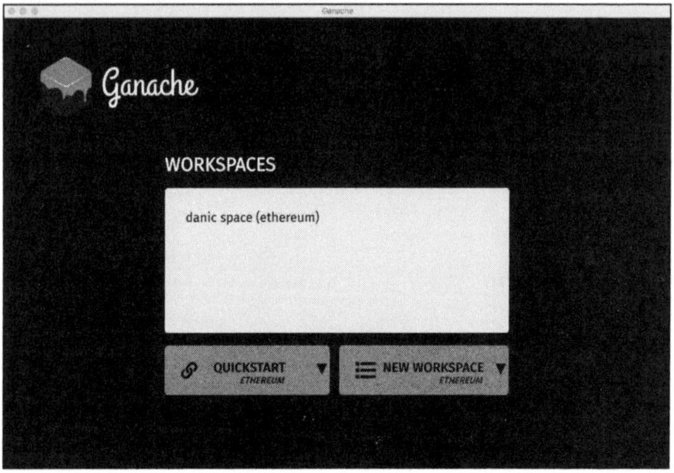

Connecter un réseau personnalisé (Ganache) à votre wallet MetaMask

Une fois que vous avez démarré une blockchain locale, vous êtes prêt à ajouter ce « réseau » personnalisé et ses comptes associés à votre wallet MetaMask. Voici comment faire :

1. **Ouvrez Ganache et chargez l'espace de travail que vous avez créé.**

2. **Localisez l'URL du RPC Server (le serveur simulé par Ganache). Par défaut, il s'agit de `HTTP://127.0.0.1:7545` comme on le voit sur la Figure 8.10.**

Figure 8.10

L'adresse du RPC SERVEUR (serveur simulé par Ganache)

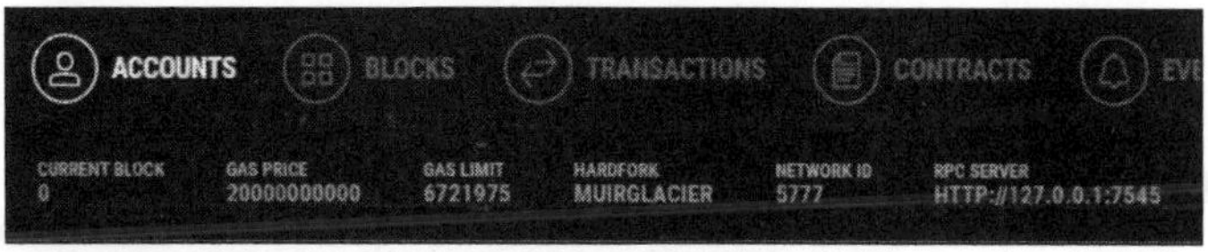

❸ **Connectez-vous à votre wallet MetaMask.**

❹ **Depuis le menu déroulant, sélectionnez Ajouter un réseau (voir Figure 8.11).**

Figure 8.11

L'option Ajouter un réseau se trouve au bas du menu déroulant.

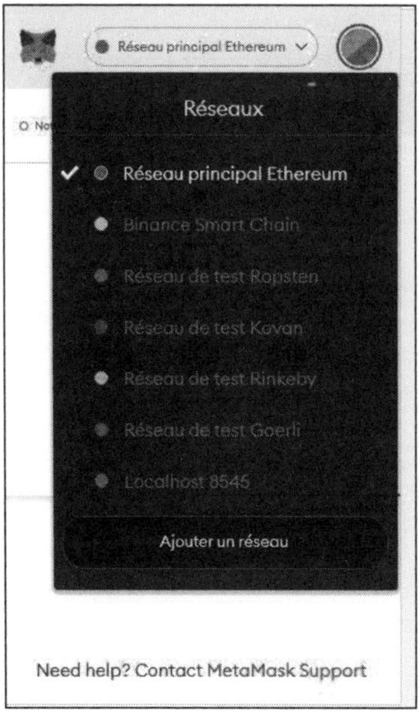

Une page est affichée par MetaMask (voir Figure 8.12). Indiquez le nom du réseau, l'URL du serveur RPC et l'ID de chaîne :

- Nom du réseau : `danic space`. Bien évidemment, vous devez indiquer le nom que vous avez-vous-même choisi dans votre espace de travail Ganache.
- Nouvelle URL de RPC : `HTTP://127.0.0.1:7545`.
- ID de chaîne : `1337` (valeur par défaut).

❺ **Enregistrez ces informations.**

Comme vous pouvez le vérifiez, vous venez d'ajouter un nouveau réseau à votre wallet MetaMask (voir Figure 8.13).

Figure 8.12

Ajout d'un réseau au wallet MetaMask.

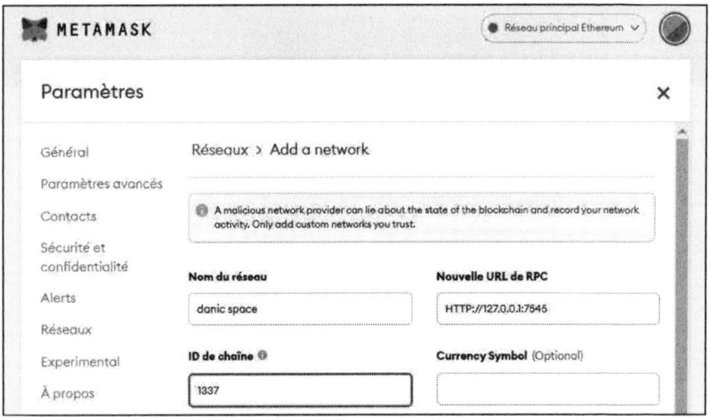

Figure 8.13

Le nouveau réseau a bien été ajouté à MetaMask.

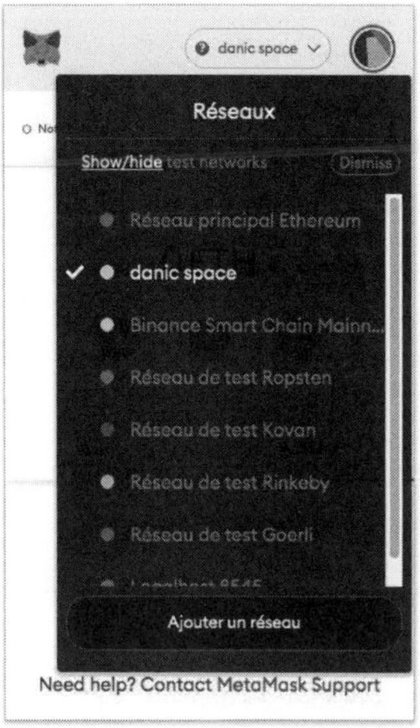

Ajouter des comptes locaux (Ganache) à votre wallet MetaMask

À présent, nous allons importer quelques-uns des comptes de votre espace de travail Ganache dans MetaMask.

Pour importer ces comptes locaux, il vous faut leur clé privée. Voici comment faire :

1. **Ouvrez Ganache et chargez l'espace de travail que vous avez créé.**

2. **Sélectionnez un compte et cliquez sur l'icône de clé située à droite (voir Figure 8.14).**

   L'écran qui apparaît dévoile la clé privée de compte, comme dans la Figure 8.15.

Figure 8.14

L'icône de clé se trouve à l'extrême droite de l'adresse d'un compte.

Figure 8.15

La clé privée créée par Ganache se trouve sous la mention PRIVATE KEY.

Voici comment importer les comptes dans le wallet MetaMask :

1. **Connectez-vous à MetaMask et activez le réseau que vous avez défini dans Ganache.**

   Le nom de notre réseau est danic space, mais le vôtre sera probablement différent (voir plus haut).

2. **Cliquez sur le cercle coloré en haut et à droite et sélectionnez l'option Importer un compte, comme dans la Figure 8.16.**

Figure 8.16

L'option Importer un compte de MetaMask.

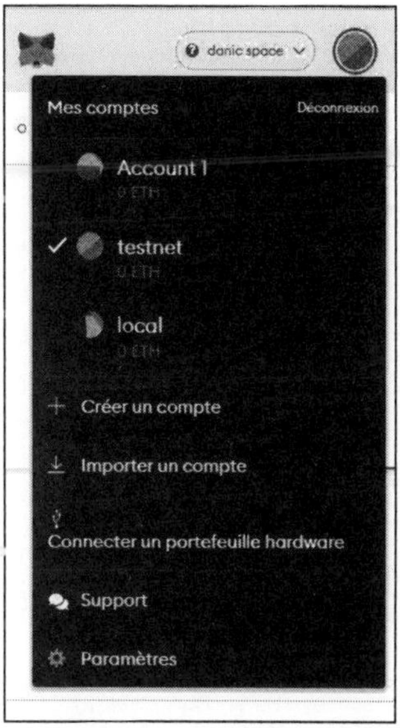

3 Dans la nouvelle boîte de dialogue, collez la clé privée du compte Ganache puis cliquez sur Importer, comme dans la Figure 8.17.

La Figure 8.18 montre le compte ainsi importé, que nous avons renommé Ganache.

Il est préférable de renommer le compte afin qu'il soit facile de se rappeler qu'il s'agit d'un compte local Ganache. Nous l'avons ainsi appelé Ganache. Pour renommer un compte dans MetaMask, cliquez sur les trois points verticaux à droite du nom, puis sur Détails du compte. Cliquez sur l'icône en forme de crayon pour renommer le nom et sur la coche pour finaliser ce changement de nom.

Ça y est ! Vous avez importé un compte local Ganache dans votre portefeuille MetaMask.

Figure 8.17

Importation d'un compte dans le wallet MetaMask.

Figure 8.18

Le compte importé dans MetaMask et renommé Ganache.

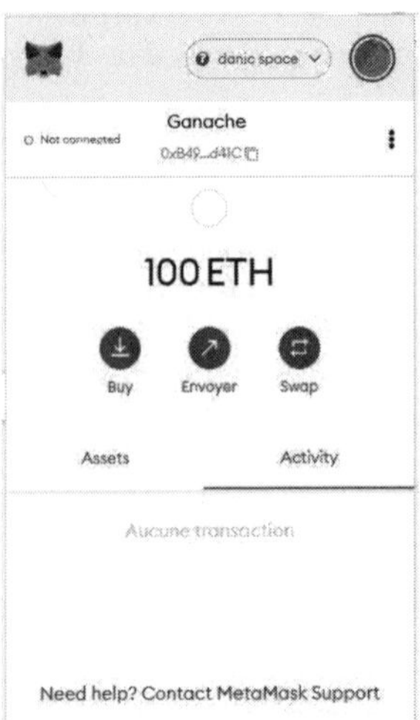

Comme nous l'avons vu au Chapitre 7, vous devez être connecté au bon réseau avec MetaMask pour voir le montant adéquat en ETH de chacun de vos comptes. Par exemple, la Figure 8.19 montre que notre compte Ganache a un solde de 0 ETH si nous l'affichons depuis le réseau principal Ethereum.

Figure 8.19

Lorsque nous observons notre solde en ETH du compte Ganache, il est égal à 0.

Vous pouvez désormais émettre *via* MetaMask des transactions depuis ce compte local Ganache tout comme vous le feriez avec votre compte habituel du wallet MetaMask. Vous n'êtes pas encore prêt à pouvoir soumettre une transaction qui engendre un nouveau compte de contrat. Toutefois, vous pouvez d'ores et déjà suivre ces étapes pour transférer des fonds dans l'espace de travail Ganache.

1. **Dans Ganache, cliquez sur l'adresse d'un compte différent du précédent, et faites un clic droit. Copiez l'adresse, comme dans la Figure 8.20.**

Figure 8.20

Copie de l'adresse du deuxième compte depuis Ganache.

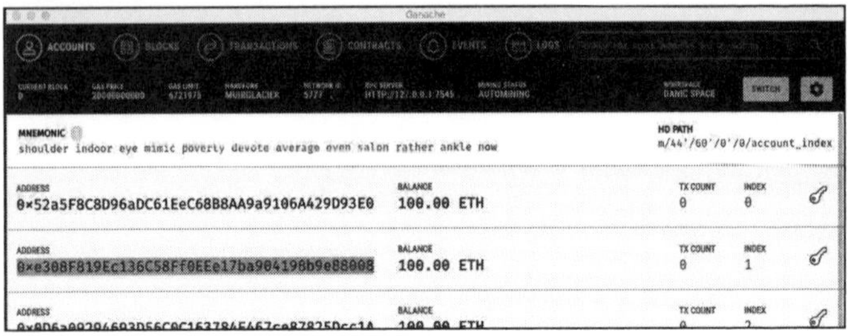

❷ **De retour dans MetaMask, accomplissez les étapes suivantes (voir Figure 8.21) :**

  a. Sélectionnez le compte Ganache.

  b. Vérifiez que vous vous trouvez bien sur le réseau approprié – `danic space` dans notre exemple.

  c. Cliquez sur Envoyer.

Figure 8.21

Préparation d'un transfert de fonds depuis un compte local Ganache.

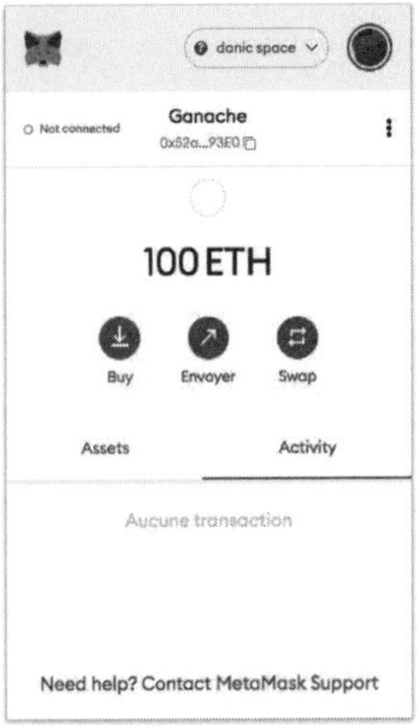

❹ Collez l'adresse copiée depuis Ganache, comme dans la Figure 8.22. Envoyez 5 ETH de test vers cette adresse.

Figure 8.22

Transfert de 5 ETH de test d'un compte Ganache local à un autre.

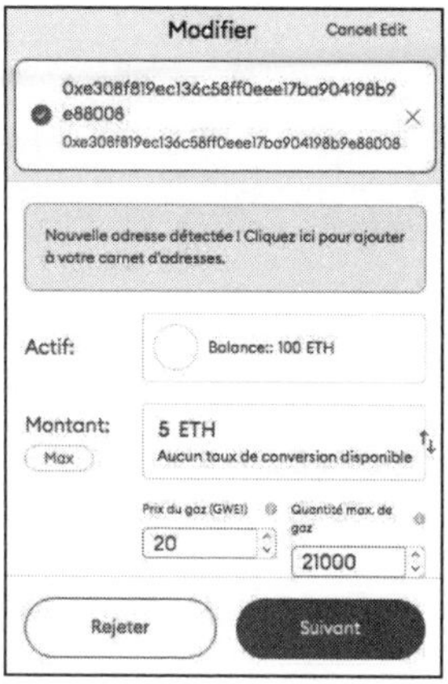

❺ Cliquez sur le bouton Suivant puis sur Confirmer.

Assez rapidement, le statut de cette transaction passe du mode « en attente » à « confirmé ». Sur la Figure 8.23, nous pouvons voir que 5 ETH ont été retirés du compte Ganache, plus les frais de gas.

Figure 8.23

La transaction a été confirmée dans MetaMask.

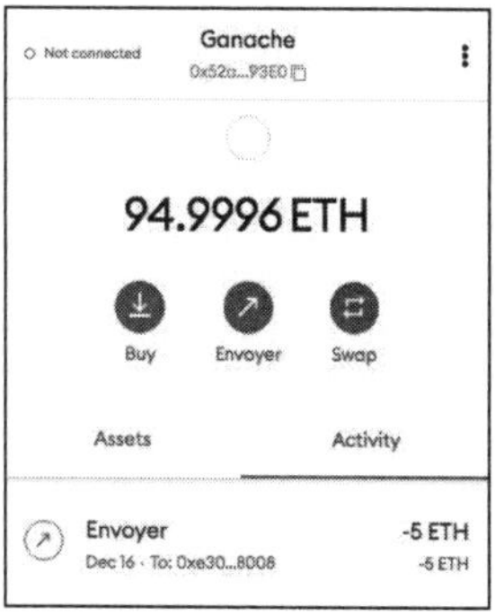

❻ **Vérifiez les soldes dans Ganache.**

Le premier compte présente un solde de 95 ETH et le second compte, un solde de 105 ETH (voir Figure 8.24).

Figure 8.24

Les soldes ont été mis à jour dans l'espace de travail Ganache.

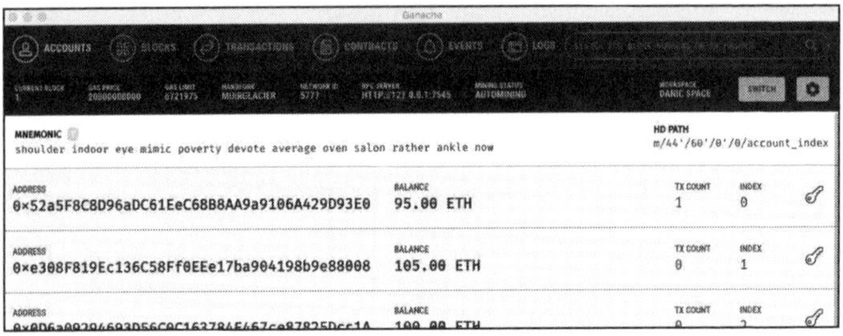

Synchroniser Remix IDE avec votre wallet MetaMask

Dans cette section, nous allons aborder Remix, un outil qui permet de compiler et déployer des smart contracts – que ce soit dans votre environnement local, sur un testnet ou sur le mainnet – réseau principal.

Voici comment procéder :

❶ **Allez sur la page `https://remix.ethereum.org`**
Remix vous propose une brève description de ses menus. Cliquez sur Next, Next et, enfin, Done.

⚠ Il faut bien taper `https://` (avec le `s`) : sinon, Remix ne pourra pas se connecter à MetaMask.

❷ **Cliquez sur l'icône Ethereum dans la barre d'outils verticale située sur la gauche.**

En la survolant, vous obtiendrez l'info-bulle Deploy & Run Transactions (déployer et lancer des transactions ; voir Figure 8.25).

Figure 8.25

La page principale de Remix. L'icône Ethereum se trouve sur la gauche.

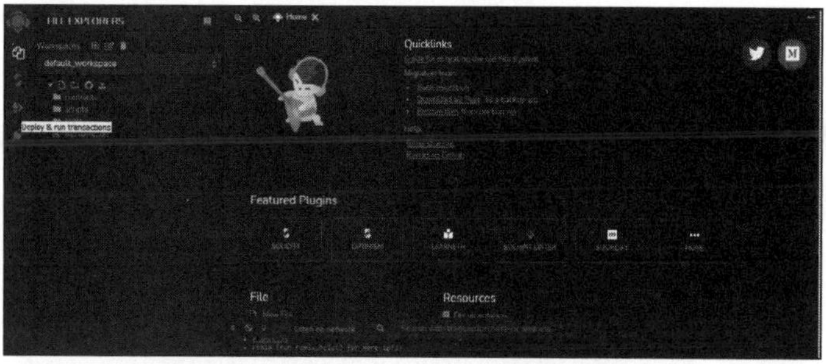

❸ **Dans le menu déroulant Environment, choisissez Injected Web3 (voir Figure 8.26).**

Une info-bulle nous confirme que cet environnement d'exécution a été fourni par MetaMask. Et la connexion à MetaMask se produit dans la foulée.

Figure 8.26

Choix de l'environnement Injected Web3 : une info-bulle indique qu'il a été fourni par MetaMask.

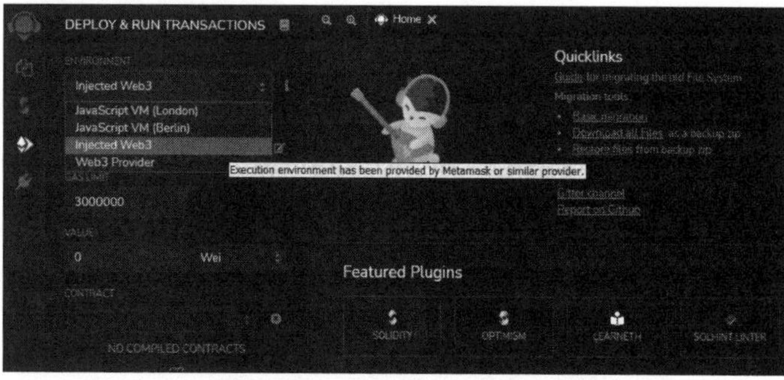

❹ **Depuis MetaMask, sélectionnez le réseau et le compte avec lequel vous souhaitez travailler.**

Comme vous pouvez le voir, l'adresse du compte est bien la même dans MetaMask et dans Remix. Ainsi, la Figure 8.27 montre l'environnement Remix avec, dans MetaMask, le réseau de test

Ropsten et le compte testnet (tel que nous l'avons créé au Chapitre 7). Et, dans la Figure 8.28, nous voyons le même environnement Remix après avoir sélectionné le réseau `danic space` et le compte Ganache (comme nous l'avons fait dans ce chapitre).

Figure 8.27

Connexion de MetaMask avec le compte testnet Ropsten. Comme vous pouvez le constater, l'adresse du compte est bien la même que sur Remix.

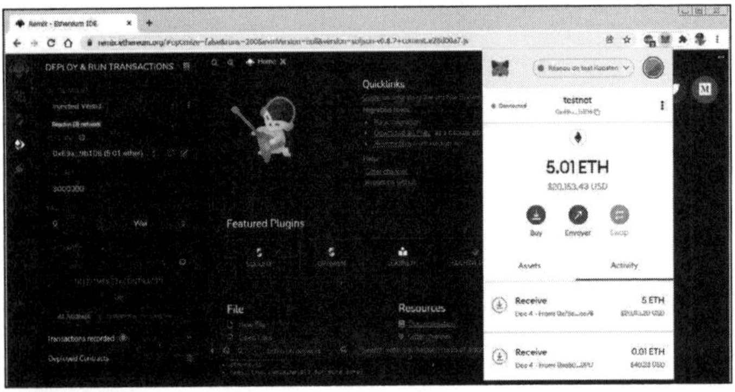

Figure 8.28

Si vous sélectionnez un autre compte (ici Ganache) sur le réseau `danic space`, le compte est aussitôt mis à jour sur Remix.

Vous avez bâti votre environnement de développement et allez pouvoir maintenant le mettre à l'épreuve pour créer des smart contracts.

DANS CE CHAPITRE

Introduction aux langages de smart contract.

Éléments de base d'un modèle de smart contract.

Présentation des bibliothèques de smart contracts.

Développer, compiler et déployer un smart contract Ethereum.

Chapitre 9
Créer votre premier smart contract

Ce chapitre vous guide dans le développement, la compilation et le déploiement de votre premier smart contract. Avant de détailler ces étapes, nous vous présentons une introduction rapide aux langages de smart contract et décrivons les éléments d'un smart contract. Nous traitons également des bibliothèques de smart contracts, sur lesquelles nous reviendrons dans les Chapitres 10 et 11.

Ce chapitre est le dernier consacré aux étapes préalables à la création de votre propre NFT suivant la norme ERC-721 (qui sera détaillée dans le Chapitre 11). Il est fortement recommandé de le lire intégralement pour bien comprendre les caractéristiques essentielles des smart contracts et le raisonnement sous-jacent aux choix que nous allons effectuer au fur et à mesure. Si vous ne pouvez vraiment pas attendre avant d'entrer dans le vif du sujet, vous pouvez passer directement à la dernière section, « Lancer votre premier smart contract ».

Dans ce chapitre, nous présupposons que vous avez installé et configuré un wallet MetaMask (voir Chapitres 2 et 4). Vous devez également disposer de comptes mainnet (réseau principal Ethereum), testnet et local, avoir établi un environnement local Ganache et configuré MetaMask afin qu'il puisse fonctionner avec ce dernier (voir Chapitres 7 et 8). Enfin, vous devez avoir configuré Remix IDE et l'avoir synchronisé avec votre wallet MetaMask (voir Chapitre 8).

Les langages de smart contracts

Créer un smart contract fonctionnel revient à créer un compte de contrat en soumettant une transaction avec du *bytecode* (sans adresse de destination) au réseau Ethereum. Étant donné que le bytecode est un code destiné à l'ordinateur et écrit en format hexadécimal, il est difficile à apprendre et à lire. Il est donc nécessaire de passer par un langage plus aisé à comprendre : le *code source* de votre smart contract. Une fois rédigé, ce code source est compilé afin de produire du bytecode.

Par bonheur, il existe de nombreux langages de smart contracts. Au sein de Remix IDE (que vous avez découvert au chapitre précédent), le compilateur peut basculer entre les deux langages suivants :

» **Solidity.** Le langage de programmation Solidity a été conçu spécifiquement pour l'implémentation de smart contracts sur Ethereum Virtual Machine (EVM). C'est le langage le plus utilisé pour la conception de smart contracts sur Ethereum, au point que son usage s'est même étendu à d'autres plateformes. Dans la classification des langages de programmation, Solidity est considéré comme un langage de haut niveau. Cela signifie qu'il est aisé à comprendre (par des humains) et à déboguer. Toutefois, il est peu optimisé pour l'exécution et nécessite donc d'être « compilé », c'est-à-dire traduit en instructions exécutables par une machine.

» **Yul.** Plus récent, ce langage de programmation nécessite une plus grande maîtrise de l'*opcode* (un langage de bas-niveau, proche des instructions en langage machine). C'est un langage de niveau intermédiaire.

Une fois que vous avez choisi un langage et rédigé le code source de votre contrat, vous devez le compiler afin de produire ces éléments :

» **Le bytecode.** Le bytecode consiste en un ensemble d'instructions en format hexadécimal qui peut fonctionner sur EVM. Il s'agit de code machine, c'est-à-dire du langage le plus proche de l'ordinateur et donc le plus difficile à interpréter par un humain.

» **L'opcode.** Un grand nombre de développeurs de smart contracts font référence à des commandes en opcode. Ce sont des instructions similaires au bytecode et donc destinées au processeur, mais que seul un expert peut interpréter. On parle également de « langage assembleur ».

» **Une ABI.** Le compilateur crée également une ABI (*Application Binary Interface*, interface binaire d'application) avec laquelle les applications peuvent naviguer parmi les fonctions et données du contrat.

Nous optons pour Solidity, car c'est le langage le plus communément utilisé pour Ethereum, mais aussi le plus simple. Il vous donne accès à un grand nombre de bibliothèques préétablies, développées avec soin et expertisées, auxquelles vous pouvez recourir. (Nous les abordons plus loin dans la section « Se servir des bibliothèques de smart contracts. »)

Démarrer avec Solidity – indication de la version avec la directive *pragma*

Pour vous assurer que votre code source Solidity n'est pas compilé avec des versions de compilateur incompatibles, il faut inclure la directive `pragma` dans la première ligne de code :

```
pragma solidity 0.8.6
```

Dans cet exemple, nous spécifions que notre code source doit être compilé sous la version 0.8.6 et non sous une autre version qui pourrait présenter des caractéristiques incompatibles avec notre code.

Il est possible de compléter la directive `pragma` avec les préfixes <=, >=, ^ mais aussi > et < afin de la rendre plus flexible. En voici des exemples :

» `<=0.8.6` autorise les compilateurs antérieurs à la version 0.8.6 incluse.

» `>=0.8.6` autorise les compilateurs apparus à partir de la version 0.8.6.

» `^0.8.6` autorise les versions 0.8.6 et suivantes mais interdit celles qui démarrent à la 0.9.0.

Passer du code source au bytecode

Voici un exemple de smart contract écrit en Solidity :

```
pragma solidity 0.8.6;
contract Bonjour
{
  string public msg = "Bonjour a tous !";
}
```

Lorsque ce code source Solidity est compilé, vous obtenez le bytecode correspondant :

```
608060405260405180604001604052806000e81526020017426f6e6a6f757
2206120746f7573000000000000000000000000000000000000815250600
09080519060200190610004f929190610062565b503480156100 5c5760008
0fd5b50610166565b82805461006e90610105565b90600052602060002090
601f016020900481019282610090576000855561000d7565b82601f10610
0a957805160ff191683800117855556100d7565b82800160010185558215 6
100d7579182015b828111156100d6578251825591602001919060010190 6
100bb565b5b5090506100e491906100e8565b5090565b5b8082111561010
157600081600090555060010161 00e9565b5090565b6000600282049050 6
00182168061011d57607f821691505b60208210811415610131576101306
10137565b5b50919050565b7f4e487b71000000000000000000000000000
00000000000000000000000000000600052602260045260246000fd5b610
22e80610175600039 6000f3fe60806040523480156100105760008 0fd5b5
0600436106100 2b5760003560e01c80636b473fca14610030575b600080f
d5b61003861004e565b6040516100459190610115565b60405180910390f
```

```
35b6000805461005b90610186565b80601f0160208091040260200160405
19081016040528092919081815260200182805461008790610186565b801
56100d45780601f106100a95761010080835404028352916020019161 00d
4565b820191906000526020600020905b8154815290600101906020018 08
3116100b757829003601f168201915b5050505050815 65b60006100e7826
10137565b6100f18185610142565b9350610101818560208601610153565
b61010a816101e7565b840191505092915050565b60006020820190508 18
1036000830152610 12f81846100dc565b905092915050565b60008151905
0919050565b6000828252602082019050929150505 65b60005b838110156
10171578082015181840152602081019050610156565b838111156101805
76000848401525b50505050565b6000600282049050600182168061019e5
7607f821691505b60208210811415610 1b2576101b16101b8565b5b50919
050565b7f4e487b7100000000000000000000000000000000000000000000
000000000000060005260226004526024600 0fd5b6000601f19601f83011
6905091905056fea2646970667358221220e39c8e1d9cc99e55b260160ca
d0ac6c93ac2e745e9c0db52366390aa41df94fa64736f6c634300080600 3
3
```

Une section de *l'opcode* correspondant apparaît sous cette forme :

```
PUSH1 0x80 PUSH1 0x40 MSTORE PUSH1 0x40 MLOAD DUP1 PUSH1 0x40
ADD PUSH1 0x40 MSTORE DUP1 PUSH1 0xE DUP2 MSTORE PUSH1 0x20
ADD PUSH32 0x426F6E6A6F7572206120746F75730000000000000000000
0000000000000000 DUP2 MSTORE POP PUSH1 0x0 SWAP1 DUP1 MLOAD
SWAP1 PUSH1 0x20 ADD SWAP1 PUSH2 0x4F SWAP3 SWAP2 SWAP1 PUSH2
0x62 JUMP JUMPDEST POP CALLVALUE DUP1 ISZERO PUSH2 0x5C JUMPI
PUSH1 0x0 DUP1 REVERT JUMPDEST POP PUSH2 0x166 JUMP JUMPDEST
DUP3 DUP1 SLOAD PUSH2 0x6E SWAP1 PUSH2 0x105 JUMP JUMPDEST
SWAP1 PUSH1 0x0 MSTORE PUSH1 0x20 PUSH1 0x0 KECCAK256 SWAP1
PUSH1 0x1F ADD PUSH1 0x20 SWAP1 DIV DUP2 ADD SWAP3 DUP3 PUSH2
0x90 JUMPI PUSH1 0x0 DUP6 SSTORE PUSH2 0xD7 JUMP JUMPDEST
DUP3 PUSH1 0x1F LT PUSH2 0xA9 JUMPI DUP1 MLOAD PUSH1 0xFF
NOT AND DUP4 DUP1 ADD OR DUP6 SSTORE PUSH2 0xD7 JUMP JUMPDEST
DUP3 DUP1 ADD PUSH1 0x1 ADD DUP6 SSTORE DUP3 ISZERO PUSH2
0xD7 JUMPI SWAP2 DUP3 ADD JUMPDEST DUP3 DUP2 GT ISZERO PUSH2
0xD6 JUMPI DUP3 MLOAD DUP3 SSTORE SWAP2 PUSH1 0x20 ADD SWAP2
SWAP1 PUSH1 0x1 ADD SWAP1 PUSH2 0xBB JUMP JUMPDEST JUMPDEST
POP SWAP1 POP PUSH2 0xE4 SWAP2 SWAP1 PUSH2 0xE8 JUMP JUMPDEST
POP SWAP1 JUMP JUMPDEST JUMPDEST DUP1 DUP3 GT ISZERO PUSH2
0x101 JUMPI PUSH1 0x0 DUP2 PUSH1 0x0 SWAP1 SSTORE POP PUSH1
0x1 ADD PUSH2 0xE9 JUMP JUMPDEST POP SWAP1 JUMP JUMPDEST
PUSH1 0x0 PUSH1 0x2 DUP3 DIV SWAP1 POP PUSH1 0x1 DUP3 AND
DUP1 PUSH2 0x11D JUMPI PUSH1 0x7F DUP3 AND SWAP2 POP JUMPDEST
PUSH1 0x20 DUP3 LT DUP2 EQ ISZERO PUSH2 0x131 JUMPI PUSH2
0x130 PUSH2 0x137 JUMP JUMPDEST JUMPDEST POP SWAP2 SWAP1 POP
JUMP JUMPDEST PUSH32
```

Et pour finir, voici l'ABI correspondante, qui fournit une feuille de route pour les applications finales qui voudraient interagir avec ce smart contract :

```
[
    {
        "inputs": [],
        "name": "msg",
        "outputs": [
            {
                "internalType": "string",
                "name": "",
                "type": "string"
            }
        ],
        "stateMutability": "view",
        "type": "function"
    }
]
```

Vous comprenez probablement mieux pourquoi nous préférons écrire notre code de smart contract dans un langage de haut niveau, plus facile à interpréter par un humain !

Les éléments clés d'un smart contract

Les smart contracts, fondamentalement, consistent en fonctions et en données logées à l'adresse du compte de contrat sur la blockchain Ethereum.

Lorsque l'exécution d'une transaction entraîne un accès à des fonctions d'un smart contract, les changements d'état peuvent être enregistrés dans la blockchain sans être stockés dans le compte de contrat.

Voyons quels sont les éléments-clés d'un smart contract.

Variables

Dans un programme informatique, il est courant de stocker les données dans des *variables* auxquelles on donne un nom descriptif comme `Temperature`, `Prénom`, `TauxDeTVA`, *etc.* On peut également voir ces variables comme des conteneurs de données. Une fois qu'elles ont été définies, les variables peuvent être utilisées dans le programme. Par exemple, la variable `Prénom` pourrait recevoir la valeur `Julie`, puis la valeur `Damien`, *etc.*

Solidity est un langage de programmation typé, ce qui signifie que le type (et habituellement la taille) d'une variable doit être spécifié dans le code source, avant la compilation. Les variables sont de deux types dans Solidity :

» **Variables d'état.** Ce sont des variables dont les valeurs sont stockées de façon permanente dans un contrat.

» **Variables locales ou mémoire.** Ce sont des variables utilisées pour des calculs intermédiaires et ne nécessitant donc pas d'être mémorisées.

Variables publiques ou privées ?

Les informations stockées dans des variables d'état peuvent être consultées par d'autres smart contracts si elles ont été déclarées comme *publiques.* Faute d'avoir été ainsi déclarées, ces informations sont considérées comme *privées*, et uniquement accessibles au sein du smart contrat où elles sont stockées. Cependant, comme nous l'avons vu au Chapitre 7, n'importe qui peut consulter les smart contracts sur la blockchain publique, et cela inclut les données privées.

Que les données stockées soient publiques ou privées, seul le contrat dans lequel sont stockées les données peut altérer la valeur de ses variables d'état.

Fonctions

Les *fonctions* sont la partie essentielle d'un smart contract. Elles peuvent être utilisées pour effectuer des calculs, placer de nouvelles valeurs dans les variables d'état, retrouver des données de la blockchain, envoyer des ETH à d'autres adresses, ou appeler d'autres fonctions. Les fonctions appartiennent à l'une de ces trois catégories :

» **Fonctions intégrées.** Solidity comprend un menu de fonctions qui effectuent des tâches communes telles que `receive()` pour recevoir des ETH ou `adress.send()` pour envoyer des ETH à une adresse spécifiée. Une des fonctions intégrées les plus utilisées est `selfdestruct(address)` qui envoie tous les ETH stockés dans le contrat à l'adresse spécifiée, puis détruit le contrat.

» **Fonction de construction.** Chaque contrat peut spécifier une fonction `constructor()` qui s'exécute une seule fois, lors du premier déploiement du smart contract sur EVM.

» **Fonctions personnalisées.** Bien évidemment, vous pouvez écrire vos propres fonctions.

Lorsque vous écrivez vos propres fonctions, vous devez déclarer le niveau d'accessibilité par d'autres fonctions, contrats ou transactions, en utilisant les mots-clés suivants :

» **`public/external`**. Les fonctions sont par défaut publiques, et ce sont elles qui offrent la plus grande flexibilité. Elles peuvent être appelées par d'autres fonctions à l'intérieur du contrat, par d'autres contrats et par des transactions soumises depuis des comptes détenus en externe. Les fonctions `external` (externes) fournissent un niveau d'accessibilité analogue aux fonctions `public` (publiques). La différence vient de ce que les appels de fonction à l'intérieur du contrat sont traités comme s'il s'agissait d'appels externes et doivent être accompagnés du préfixe `this`.

» **`private/internal`**. Les fonctions `private` (privées) ne peuvent être appelées qu'à l'intérieur du contrat où elles résident. Il est à noter que Solidity possède une caractéristique qui permet aux programmeurs de combiner des contrats existants en un contrat dérivé, qui hérite du code d'un autre contrat. Un contrat utilisé pour produire un contrat dérivé est appelé *contrat de base*. Les fonctions `internal` (internes) sont analogues aux fonctions privées, mais elles peuvent également être appelées par leurs contrats dérivés.

Journaux d'événements

Un événement permet à un contrat d'enregistrer un changement d'état dans la blockchain. Il propose généralement des données sur un changement d'une variable d'état.

Pour déclarer un événement au sein d'un contrat, on utilise le mot-clé `event`. Lorsqu'ils sont appelés (*via* le mot-clé `emit`), les arguments sont stockés dans la blockchain dans un journal associé à l'adresse du contrat.

Les journaux d'événements stockent l'historique des instances d'informations sur la blockchain. Il n'est pas nécessaire de déclarer un espace de stockage spécifique dans le compte de contrat. D'autres smart contracts (ou personnes) peuvent consulter ces journaux afin de découvrir les changements d'état qui s'y sont produits.

L'exemple de smart contrat qui est déployé plus loin dans ce chapitre (à la section « Lancer votre premier smart contract ») permet de voir comment on peut déclarer et émettre (`emit`) un événement.

Se servir des bibliothèques de smart contracts

Un grand nombre de bibliothèques de smart contracts sont disponibles avec des fonctions prédéfinies et diverses implémentations des standards de développement Ethereum (pour plus de détails, voir le Chapitre 10). En plus de vous épargner énormément de travail, ces bibliothèques open source procurent une sécurité renforcée à des développeurs peu expérimentés, pas forcément familiers des considérations liées au développement de smart contracts.

Le smart contract que nous vous présentons dans la section suivante est ultra-simple : vous n'aurez pas à vous soucier des bibliothèques de smart contracts dans l'immédiat. Dans le Chapitre 11, vous apprendrez à charger des bibliothèques préétablies.

Lancer votre premier smart contract

Les étapes qui suivent vous guident dans le déploiement de votre premier smart contract sur EVM (ou sur le réseau de test Ropsten si vous ne voulez pas dépenser de ETH réels pour le moment).

1. **Allez sur la page `https://remix.ethereum.org`.**

2. **Cliquez sur l'icône en haut et à gauche, comme sur la Figure 9.1.**

   Cela affiche le panneau File Explorers (explorateur de fichiers).

Figure 9.1

Accès au panneau d'exploration sur la partie gauche de Remix.

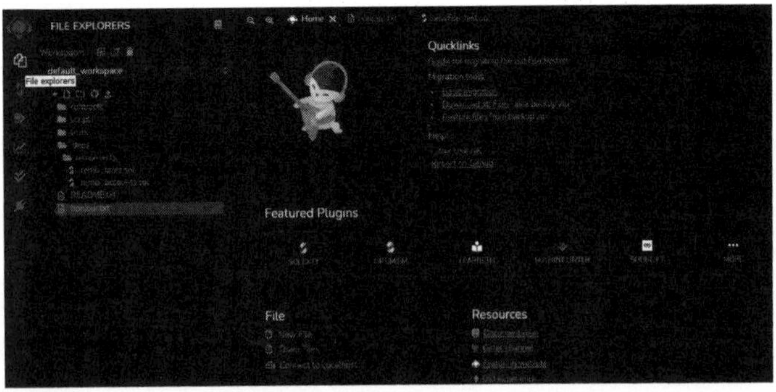

3. **Cliquez sur New File (nouveau fichier), juste sous l'en-tête File de la page principale (voir Figure 9.2).**

Figure 9.2

Lorsque vous cliquez sur New File, une zone de texte à gauche permet de saisir un nom de nouveau fichier.

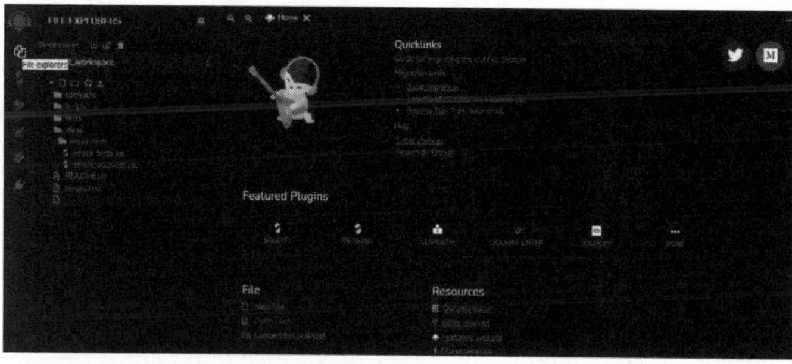

❹ **Cliquez dans la zone de texte vide en bas. Tapez « bonjour.sol » puis appuyez sur Entrée.**

Sur la droite, vous voyez apparaître le panneau d'un éditeur de texte (voir Figure 9.3).

Figure 9.3

Une fois saisi le nom du nouveau fichier, un éditeur de texte s'affiche dans le panneau droit.

Vous voilà prêt à saisir du code Solidity !

Un premier contrat

Reproduisez le code suivant dans l'éditeur de texte de bonjour.sol :

```
pragma solidity 0.8.6;
contract Bonjour
{
    event StockeMsg(string message);
    string public Msg;
    constructor()
        {
        Msg = "Bonjour les amis !";
        emit StockeMsg(Msg);
        }

    function updateMsg(string memory nouveauMsg) public
        {
        Msg = nouveauMsg;
        emit StockeMsg(Msg);
        }
}
```

Il est essentiel de reproduire ce code à l'identique. La moindre erreur de syntaxe peut empêcher sa bonne exécution. Pour vous faciliter la tâche, nous avons reproduit ce code sur la page `https://ichbiah.com/documents/bitcoin/smart-contract.htm`. Il vous suffit donc de le copier-coller dans Remix.

Solidity est sensible à la casse (distinction entre majuscules et minuscules). Par conséquent, des termes tels que `StockeMsg` et `stockemsg` ne sont pas traités pareillement au moment de la compilation.

Comme vous pouvez le remarquer, Remix a mis en couleur certains des termes que vous avez saisis. Il indique ainsi qu'il les a identifiés comme éléments du langage Solidity : `event`, `function`, `emit`, *etc.*

Passons à présent ce code en revue.

La première ligne de code contient la directive `pragma` pour indiquer la version de Solidity que le compilateur devra utiliser pour transformer ce code en langage machine. Dans le cas présent, nous indiquons que ce code source doit être compilé avec la seule version 0.8.6 :

```
pragma solidity 0.8.6;
```

Nous définissons ensuite le nom du contrat, soit `Bonjour`. Nous trouvons ensuite une accolade ouvrante (car Solidity utilise les accolades comme délimiteurs) :

```
contract Bonjour
{
```

La ligne suivante déclare un événement, `StockeMsg`, lequel gère un argument de nature `string` (chaîne de caractères) :

```
    event StockeMsg(string message);
```

Nous déclarons ensuite une variable d'état publique, `Msg`, là encore de nature `string`. Le contenu de `Msg` à un moment donné sera conservé dans l'espace de stockage réservé à ce contrat sur la blockchain – même lorsque le contrat est inactif :

```
    string public Msg;
```

Le bloc de code qui suit déclare une fonction appelée `constructor()`, qui, comme nous l'avons vu plus haut, n'est exécutée qu'une seule fois au lancement du contrat. La première ligne de la fonction donne une valeur initiale à la variable d'état `Msg` (que nous venons de déclarer). La ligne suivante déclenche l'événement `StockeMsg`, et lui transmet le contenu de `Msg` :

```
    constructor()
        {
        Msg = "Bonjour les amis !";
        emit StockeMsg(Msg);
        }
```

Le bloc de code suivant déclare une fonction publique `updateMsg()`, avec un argument unique de type `string`. Ce paramètre est défini avec le nom `nouveauMsg`, qui est une variable locale, d'où le mot-clé `memory` : son contenu ne sera pas conservé après l'exécution de cette fonction. Il est bon de savoir que même si l'on ne déclare pas explicitement le mot-clé `memory`, les paramètres des fonctions sont par défaut des variables mémoire (par opposition aux variables d'état présentées précédemment) :

```
function updateMsg(string memory nouveauMsg)
    public
```

La première ligne de cette fonction `updateMsg()` remplace le texte stocké dans la variable `Msg` par celui transmis à cette fonction lorsqu'elle est appelée. La ligne suivante déclenche l'événement `StockeMsg` afin que le dernier contenu de `Msg` puisse être écrit dans le journal d'événements du contrat :

```
    {
    Msg = nouveauMsg;
    emit StockeMsg(Msg);
    }
```

Finalement, nous terminons le code de ce contrat avec une accolade fermante :

```
}
```

Compilation

Une fois que vous avez préparé le fichier bonjour.sol et indiqué le code correspondant, vous pouvez compiler ce code en suivant ces étapes :

1. **Cliquez sur l'icône Solidity Compiler qui apparaît dans le panneau de navigation vertical de gauche. Le panneau du compilateur Solidity s'affiche (voir Figure 9.4).**

2. **Cliquez sur le bouton Compile bonjour.sol (voir Figure 9.5).**

   Les détails de la compilation apparaissent au bas de l'écran, sous le bouton Compile (voir Figure 9.6).

Et voilà, il ne vous reste plus qu'à déployer votre premier smart contract !

Figure 9.4

Accès aux fonctions de compilation de Remix.

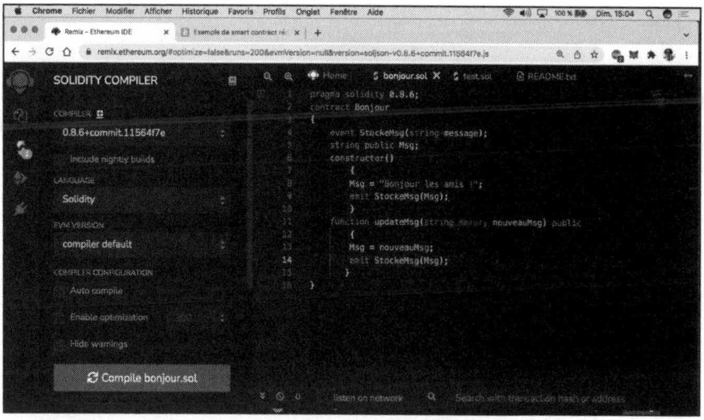

Figure 9.5

Le compilateur propose de compiler le code de bonjour.sol.

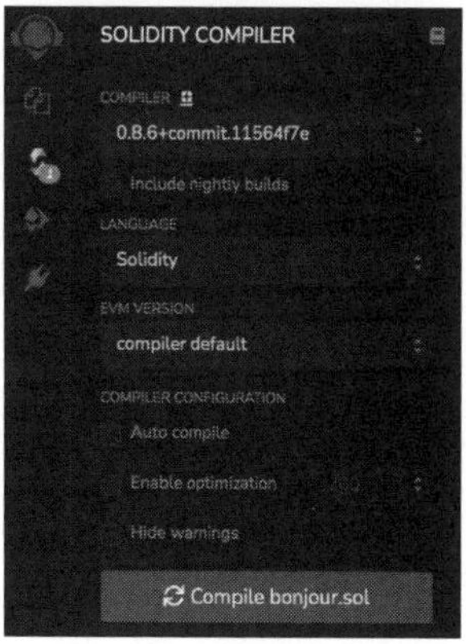

Figure 9.6

Les détails du code compilé sont accessibles au bas du panneau gauche de Remix.

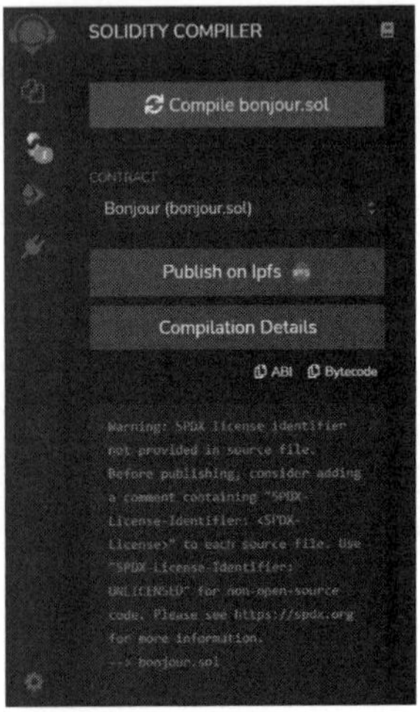

Déployer le smart contract

Vous allez à présent déployer ce contrat dans l'environnement local Ganache, afin de vous faire une première idée. Pour plus de détails sur l'installation et la mise en œuvre de Ganache, reportez-vous au Chapitre 8.

En premier lieu, pensez à charger l'application Ganache avec l'environnement de travail que vous avez défini au Chapitre 8.

1. **Cliquez sur l'icône Ethereum (située sous l'icône de compilation) dans le panneau gauche.**

   Le panneau Deploy & Run Transactions (déployer et exécuter des transactions ; voir Figure 9.7) s'affiche.

Figure 9.7

Le panneau Deploy and Run Transactions de Remix.

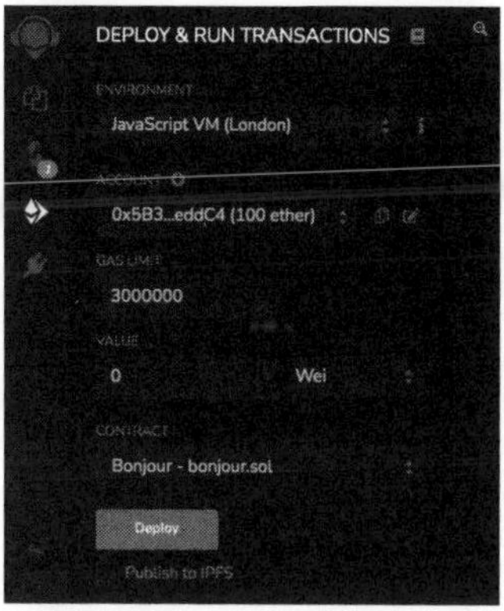

❷ **Sélectionnez l'environnement Injected Web3.**

Remix vous invite à connecter MetaMask à l'environnement. À défaut, cliquez sur l'icône de ce wallet, connectez-vous au réseau que vous avez créé en relation avec Ganache, puis sélectionnez votre compte Ganache.

❸ **Si nécessaire, sélectionnez le contrat bonjour.sol puis cliquez sur le bouton Deploy (voir Figure 9.8).**

Figure 9.8

Préparation de MetaMask et de Remix en vue de déployer le smart contract bonjour.sol.

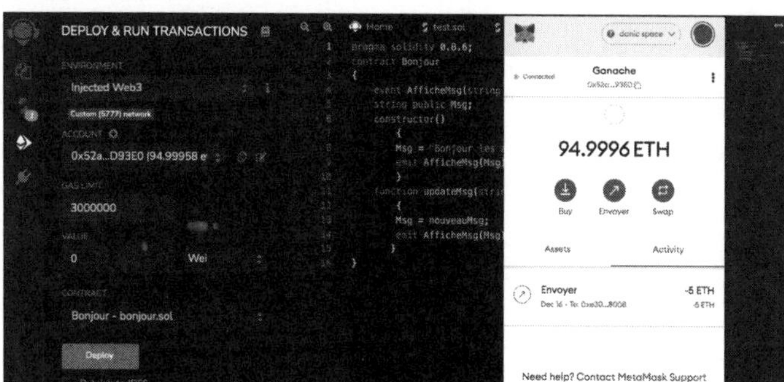

4 Un panneau de notifications apparaît dans MetaMask (voir Figure 9.9). Examinez la transaction, puis cliquez sur Confirmer.

Vous soumettez ainsi une transaction contenant le bytecode compilé (sans avoir à spécifier une adresse de destination), ce qui génère un compte de contrat avec sa propre adresse.

Figure 9.9

Confirmez le déploiement d'un contrat sur l'espace de travail danic space.

À présent, vous pouvez examiner le contrat qui a été déployé en affichant le bas du panneau Deploy & Run Transactions (voir Figure 9.10). Ouvrez la mention BONJOUR AT (...) en cliquant sur le signe v.

Figure 9.10

Observez comment le contrat a été déployé dans Remix. Ici, nous avons cliqué sur Msg pour afficher la valeur initiale de la variable Msg.

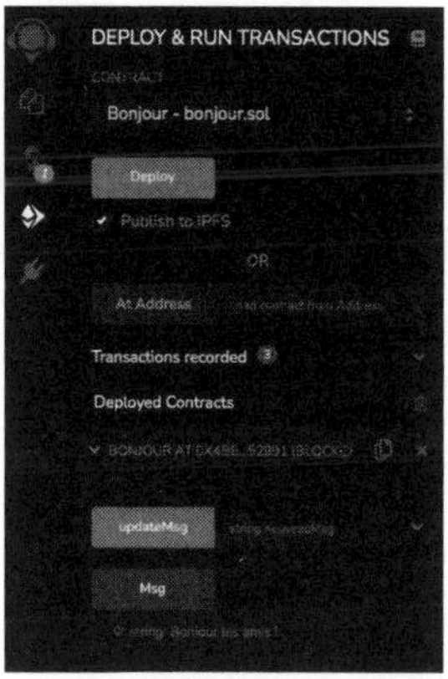

» Vous pouvez interagir avec ce contrat en cliquant sur le bouton Msg afin d'afficher ce qui est stocké dans cette variable d'état.

» Entrez un nouveau message en face de updateMsg puis cliquez sur le bouton updateMsg. Confirmez la transaction dans Meta-Mask. Cliquez ensuite sur Msg pour afficher la nouvelle valeur de cette variable (voir Figure 9.11).

Figure 9.11

Nous avons changé le message puis l'avons affiché.

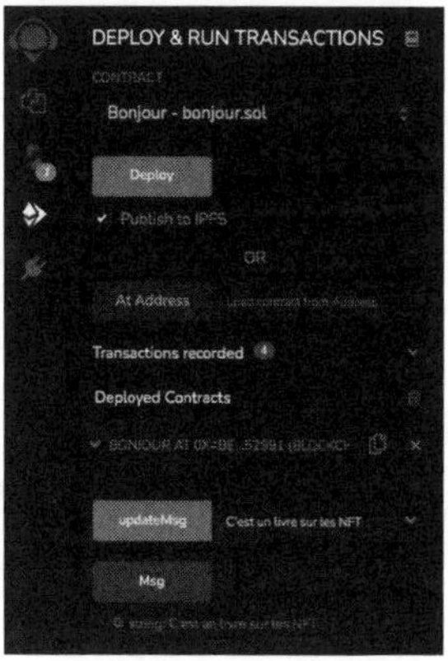

Comme vous pouvez le remarquer, chaque fois que vous faites appel à ce contrat sur MetaMask, il est demandé de verser du gas pour cette transaction. C'est notamment le cas lorsque vous mettez à jour la variable `Msg` en cliquant sur updateMsg.

Test sur le réseau Ropsten

Vous avez fait vos premiers pas avec un smart contract sur l'environnement local Ganache. L'heure est venue de déployer votre contrat bonjour.sol sur le réseau de test Ropsten, et donc sur la blockain Ethereum elle-même !

1. **Cliquez sur l'icône de MetaMask pour ouvrir ce wallet.**

2. **Sélectionnez le réseau de test Ropsten, puis le compte testnet que vous avez mis en place dans le Chapitre 7.**

   Ce changement de compte et de réseau se reflète dans le panneau gauche de Remix.

Figure 9.12

Préparation du déploiement du smart contract sur le réseau de test Ropsten.

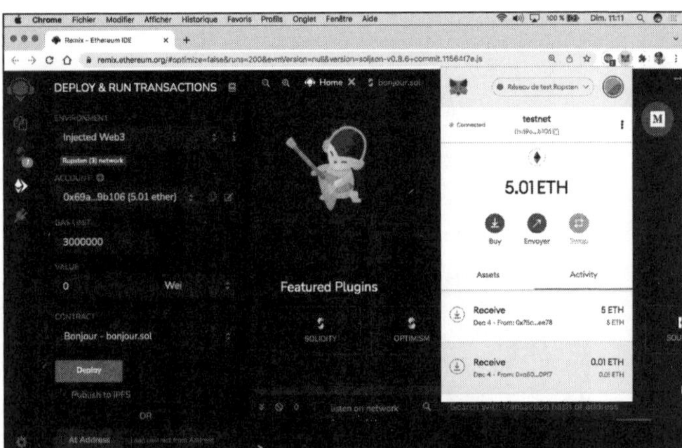

❸ **Cliquez sur le bouton Deploy puis confirmez la transaction dans MetaMask lorsque le panneau de confirmation s'affiche.**

La transaction prend davantage de temps à s'exécuter car, sur le réseau de test Ropsten, les blocs ne sont pas minés de façon automatique, comme dans l'environnement de développement local Ganache.

Figure 9.13

Confirmation du déploiement du smart contract sur le réseau de test Ropsten.

❹ **Accédez à la fonction updateMsg au bas du panneau gauche de Remix.**

Tapez le message « Bonjour Ropsten » puis cliquez sur updateMsg. Confirmez cette transaction dans MetaMask.

❺ **Pour observer l'activité de ce contrat sur la blockchain Ropsten et copier son adresse, cliquez sur l'icône à droite, juste au-dessous de l'icône de la fonction updateMsg (voir Figure 9.14).**

Figure 9.14

Copie de l'adresse du smart contract déployé sur Remix.

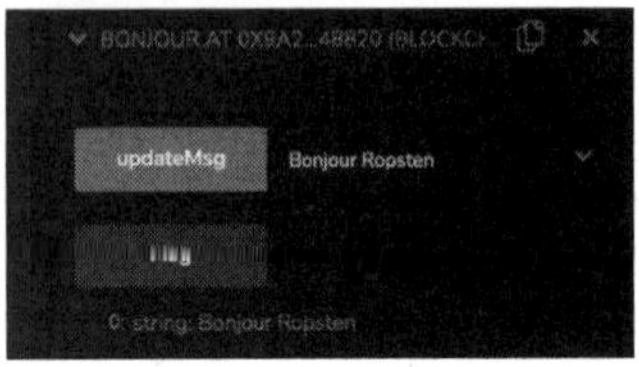

❻ **Dans votre navigateur Web, tapez : `https://ropsten.etherscan.io`, collez l'adresse du contrat dans la barre de recherche, puis cliquez sur l'icône de loupe pour lancer la recherche (voir Figure 9.15).**

La Figure 9.16 affiche chaque transaction effectuée sur le contrat depuis sa création.

Figure 9.15

L'adresse est collée dans etherscan.io.

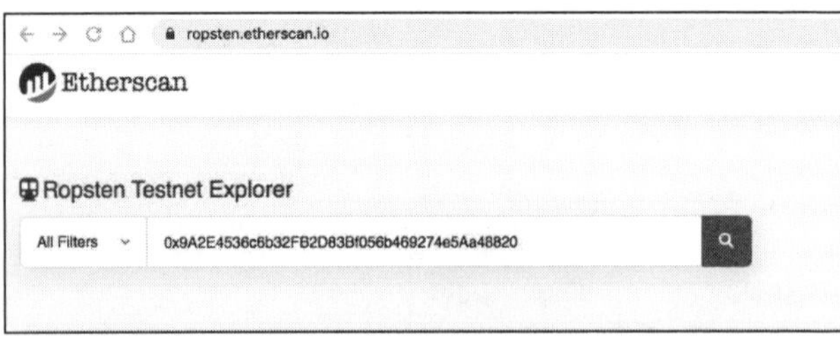

❼ **Cliquez sur Events pour afficher les événements qui se sont déroulés sur ce contrat. Vous voyez les deux évenements déclenchés : le lancement initial du contrat puis l'interaction. Pour voir le contenu enregistré, affichez le dernier élément de chaque transaction en Text plutôt que Hex (voir Figure 9.17).**

Figure 9.16

Les transactions opérées sur le réseau de test Ropsten après avoir déployé et testé le contrat apparaissent dans Etherscan.

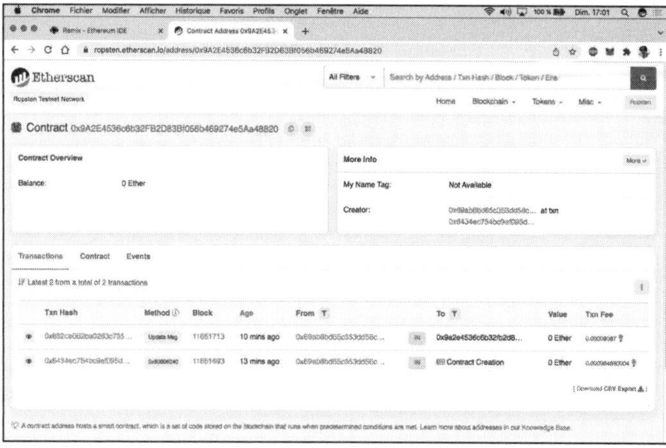

Figure 9.17

Les deux événements enregistrés sur la blockchain depuis que nous avons déployé ce contrat sur le réseau Ropsten apparaissent dans Etherscan.

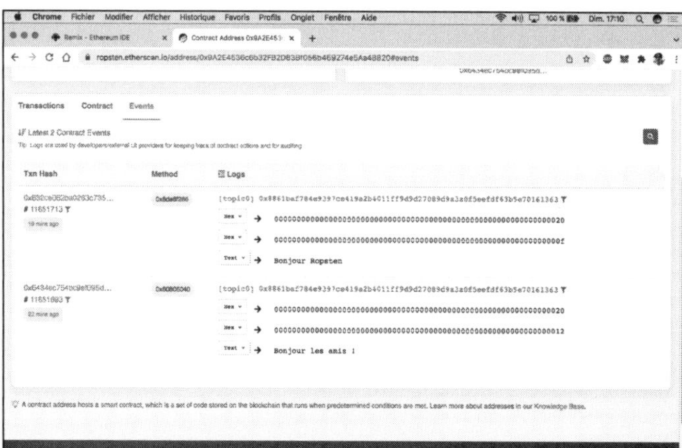

Et voilà ! Vous avez déployé votre premier smart contract sur une blockchain publique. Dans le Chapitre 11, nous verrons comment appliquer ce savoir-faire à la création d'un NFT.

DANS CE CHAPITRE

Les standards de développement Ethereum.

Les interfaces de tokens standard.

Les tokens ERC-20 (fongibles).

Les tokens ERC-721 (non fongibles).

Chapitre 10
Les standards de tokens

Dans ce chapitre, nous vous proposons de marquer une pause dans le développement avec Solidity, afin d'aborder les standards de tokens. Nous aborderons d'abord les normes en matière de développement Ethereum, puis étudierons les deux principaux standards de tokens que sont ERC-20 et ERC-721. Si vous disposez d'un certain bagage technique, vous gagnerez à lire ce chapitre afin de bien vous immerger dans l'univers des tokens et de comprendre comment bien les implémenter.

Sachez-le toutefois : la lecture de ce chapitre n'est pas indispensable pour pouvoir créer votre propre NFT. Donc, si cette perspective vous démange, vous pouvez passer directement au Chapitre 11.

Les standards de développement Ethereum

Nous l'avons vu : il existe une grande interdépendance entre les contrats, les systèmes de transactions et les wallets qui composent l'écosystème Ethereum. De ce fait, la communauté Ethereum a mis en place une procédure pour proposer et établir des standards de développement à suivre lorsqu'on écrit des smart contracts pour les cas d'usage communs. Vous n'êtes pas tenu d'adhérer à ces standards pour le développement de vos propres tokens ou dApps. Cependant, si vous les suivez, la tâche s'en trouvera grandement facilitée.

Interopérabilité et composants

Quel effet la standardisation produit-elle sur le développement ?

En premier lieu, elle assure l'intéropérabilité. Les clients Ethereum (voir Chapitre 8) et les wallets sont programmés pour exécuter des appels de contrat et accepter des tokens. Le fait d'adhérer à des standards de développement permet d'assurer que ce réseau décentralisé de joueurs maintient une compatibilité commune. C'est un peu comme la standardisation de la taille et de la forme des cartes de crédit, qui permet leur lecture par une grande diversité de machines.

De plus, l'interopérabilité facilite l'usage de composants, soit la possibilité de mélanger des combinaisons de contrats existants afin de composer une solution fonctionnelle personnalisée. Le fonctionnement est proche de celui de briques Lego : la standardisation des pièces permet de les emboîter pour créer tout type de construction.

EIP et ERC

Deux termes sont essentiels dans l'univers d'Ethereum : EIP (*Ethereum Improvement Proposal*, proposition d'amélioration d'Ethereum), et ERC (*Ethereum Request for Comment*, demande de commentaire Ethereum).

Un développeur désireux de présenter un nouveau standard de développement doit en premier lieu soumettre une EIP à la communauté des développeurs Ethereum. La toute première EIP, EIP-1, en a défini les lignes directrices et le processus, depuis l'idée originelle jusqu'à sa finalisation ou son abandon (voir Figure 10.1).

Ce processus s'appuie sur d'autres adoptés par les communautés Python et Bitcoin : *Python Enhancement Proposal* (PEP) et *Bitcoin Improvement Proposal* (BIP).

Figure 10.1

Le diagramme du processus EIP tel qu'énoncé dans EIP-1.

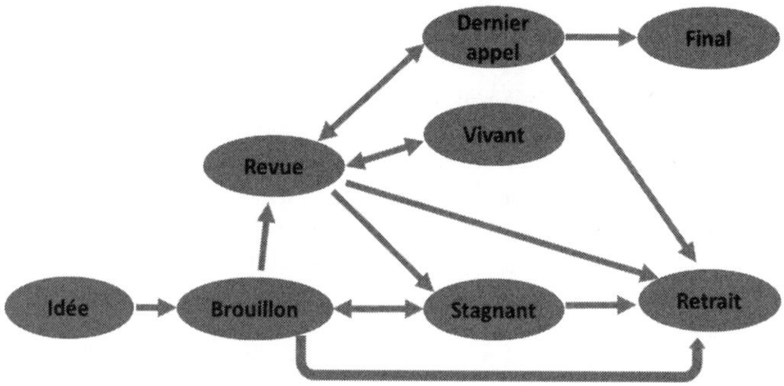

Chaque nouvelle EIP améliore le système mais aussi la compréhension par la communauté des développeurs des forces et faiblesses de Ethereum Virtual Machine (EVM). De plus, les EIP encouragent la créativité en matière de cas d'usage sur la plateforme Ethereum.

La liste qui suit décrit les trois types de EIP avec des exemples :

» Les ***EIP Standard Tracks*** (piste des standard) proposent des changements de standards qui impactent la plupart, sinon toutes les activités du réseau Ethereum. Cette catégorie de EIP contient quatre sous-classifications :

- Les **EIP Core** correspondent à la couche de consensus, qui spécifie les règles gouvernant les transactions ainsi que le fonctionnement de EVM. Par exemple, le EIP-2929 a augmenté le gas lié à l'exécution de certains codes, et le EIP-3554 a permis de ralentir le niveau de difficulté croissant des opcodes (caractéristique connue sous le nom de *bombe de difficulté*).

  Un *opcode*, comme nous l'avons vu au Chapitre 8, est un ensemble d'instructions en langage machine qui fournit du code lisible à exécuter.

    - Les **EIP Networking** correspondent à la couche réseau, qui indique comment l'information est échangée et propagée sur les nœuds du réseau Ethereum. Ainsi, le EIP-2124 fournit un mécanisme d'enregistrement de validation en vue d'identifier efficacement des nœuds compatibles.
    - Les **EIP Interface** correspondant à la couche d'API (interface de programmation) et de RPC (*Remote Procedure Call, protocole d'appels de procédure à distance*). Elle spécifie la connexion entre applications et la manière dont celles-ci s'exécutent sur un réseau distribué. Les EIP Interface sont des standards au niveau du langage qui déterminent les noms de méthodes dans le code et comment les calculs sont soumis au système d'exploitation. Citons en guise d'exemples le EIP-6, qui a introduit l'opcode `SELFDESTRUCT` au lieu de `SUICIDE`, et le EIP-1193, qui a introduit un format standardisé pour les API JavaScript.
    - Les **EIP ERC** (*Ethereum Request for Comment*) correspondent à la couche des applications. Elles spécifient des standards destinés à faciliter l'interaction des applications et le partage d'informations dans l'écosystème Ethereum. Par exemple, elles peuvent assurer la compatibilité entre les tokens et les services de wallet, et la gestion des composants. Parmi les ERC notables figurent ERC-20, qui a introduit des standard de tokens fongibles, et ERC-721, qui a défini le standard des NFT.

- Les **EIP Meta** résument les changements majeurs intervenus dans Ethereum et établissent des procédures en vue de permettre à la communauté Ethereum de proposer d'autres changements. Le EIP-1 en est un exemple, de même que le EIP-4, qui a défini les EIP Standard Tracks.
- Les **EIP d'information** fournissent des informations générales et suggèrent des lignes directrices à la communauté Ethereum. Par exemple, le EIP-2228 a proposé que le réseau principal Ethereum soit standardisé comme mainnet.

Nous pouvons nous intéresser à présent aux ERC spécifiques qui ont produit les principaux standards d'émission de tokens sur Ethereum.

Les interfaces standard de tokens

Les interfaces de tokens amènent à déclarer les fonctions et les événements à implémenter dans un contrat de token particulier. L'adoption d'une interface standard permet aux tokens de se conformer aux services et aux plateformes de wallets, qui eux-mêmes sont programmés de façon à interagir avec les tokens qui implémentent ladite interface. Les interfaces sont développées en Solidity (langage de programmation que nous avons abordé au Chapitre 9) de la façon suivante :

```
Interface InterfaceName {}
```

Une interface ressemble un peu au squelette d'un contrat. Les fonctions et événements y sont déclarés mais ne sont pas implémentés.

Le EIP-20, qui a été introduit le 19 novembre 2015, a établi le standard de token le plus utilisé sur Ethereum : ERC-20. Cette proposition a fourni une interface standard pour les tokens fongibles sur Ethereum. D'autres standards ont suivi afin d'améliorer ces fonctionnalités.

Un grand nombre de cryptomonnaies, notamment Tether (UDST) et Chainlink (LINK), ont été conçues selon ce standard et continuent d'opérer sous la forme de tokens ERC-20 (ou versions améliorées) sur la blockchain Ethereum. D'autres, telles que EOS et Binance Coin (BNB), ont démarré sous la forme de tokens ERC-20 avant de migrer vers leur propre blockchain. En août 2021, il existait encore 445 000 contrats de tokens ERC-20 en circulation.

Inspiré du standard de token ERC-20, ERC-721 a été créé en vue de produire une interface standard pour les tokens non fongibles, c'est-à-dire les NFT. Le standard ERC-721 considère que chaque token est unique et dispose de son propre tokenID. C'est ainsi que sont nées des pièces de collection telles que les CryptoKitties et les Bored Apes. En août 2021, il existait près de 15 000 contrats de tokens à la norme ERC-721.

Les sections qui suivent présentent en détail les interfaces de ces tokens standard.

Le standard de token ERC-20

Pour être conforme à ERC-20, un contrat de token doit implémenter un certain nombre d'éléments inclus dans l'interface standard ERC-20. Les fonctions et les événements doivent être déclarés en suivant une même convention de nommage.

Les fonctions

Commençons par les fonctions :

» `totalSupply()`, `name()`, `symbol()`, et `decimals()`. **Ces fonctions renvoient les valeurs stockées dans leur nom de variable d'état.** `name()`, `symbol()` **et** `decimals()` **sont optionnelles.**

» `balanceOf(address _owner)`. **Cette fonction renvoie la balance du compte** `address_owner`.

» `transfer(address _to, uint256 _value)`. **Cette fonction transfère les tokens** `_value` **du compte de l'appelant au compte avec l'adresse** `_to`.

» `transferFrom(address _from, address _to,uint256 _ value)`. **Cette fonction transfère les tokens** `_value` **d'un compte spécifique (**`_from`**) à un autre (**`_to`**).**

» `approve(address _spender, uint256 _value)`. **Cette fonction permet au compte spécifié (**`_spender`**) de retirer des tokens jusqu'à la valeur** `_value` **du compte de l'appelant.**

» `allowance(address _owner, address _spender)`. **Cette fonction renvoie le montant que le compte** `_spender` **est autorisé à retirer du compte** `_owner`.

Les événements

Les événements déclarés dans l'interface ERC-20 sont les suivants :

» `Transfer(address indexed _from, address indexed_to, uint256 _value)`. Cet événement doit être émis lorsque des tokens sont transférés d'un compte à un autre.

» `Approval(address indexed _owner, addressindexed _spender, uint256 _value)`. Cet événement doit être émis chaque fois qu'un compte approuve le retrait d'un montant d'un autre compte.

Les variables

Avec l'implémentation de l'interface ERC-20, certaines variables d'état doivent également être stockées dans le contrat du token. Bien que les noms des fonctions et des événements requis doivent être préservés, les variables d'état qui suivent peuvent être déclarées et définies à votre gré.

» `balances[]`. Cette variable (qui est un tableau) stocke les balances en tokens de chaque compte.

» `allowances[] []`. Cette variable (encore un tableau) stocke le montant qu'un compte est autorisé à retirer d'un autre.

» `totalSupply`. Cette variable stocke la quantité totale de tokens disponible.

» `name` (optionnel). Cette variable stocke le nom du token (comme Tether).

» `decimals` (optionnel). Cette variable stocke le nombre de décimales utilisées par le token.

Diverses implémentations peuvent requérir des fonctions ou variables supplémentaires, mais il faut au minimum nommer et implémenter les fonctions et les événements déclarés dans l'interface ERC-20. Les noms de variables déclarés dans une implémentation de l'interface ERC-20 ne modifient pas l'interopérabilité de votre contrat de token avec un autre contrat destiné à interagir avec un token ERC-20.

Les tokens ERC-721 (non fongibles)

Pour être conforme à ERC-721, un contrat de token doit implémenter les éléments suivants de l'interface ERC-721 et de l'interface ERC-165. Toutes les fonctions et tous les événements doivent être déclarés avec les mêmes conventions de nommage dictées par ces interfaces.

Les fonctions

Quelles sont les fonctions requises ?

- `name()` et `symbol()`. Ces fonctions optionnelles renvoient les valeurs stockées dans les variables d'état nommées.
- `balanceOf(address _owner)`. Cette fonction renvoie le nombre de NFT présents dans le compte indiqué par `address _owner`.
- `ownerOf(uint256 _tokenId)`. Cette fonction renvoie l'adresse du compte qui possède le NFT spécifié (`_tokenId`).
- `safeTransferFrom(address _from, address _to, uint256 _tokenId, bytes data)`. Cette fonction transfère le NFT spécifié, `_tokenId`, depuis un compte (`_from`) vers un autre (`_to`) et transmet également les données au compte destinataire (`_to`).
- `safeTransferFrom(address _from, address _to, uint256 _tokenId)`. Cette fonction transfère le NFT spécifié, `_tokenId`, d'un compte (`_from`) vers un autre (`_to`).
- `transferFrom(address _from, address _to, uint256 _tokenId)`. Cette fonction est semblable à `safeTransferFrom` mais elle ne vérifie pas si le compte destinataire (`_to`) est en mesure de recevoir des NFT.
- `approve(address _approved, uint256 _tokenId)`. Cette fonction permet au compte spécifié (`_approved`) de transférer le NFT spécifié (`_tokenID`).

- `setApprovalForAll(address _operator, bool_approved)`. Cette fonction change l'état de permission selon que le compte spécifié (`_operator`) possède ou non les droits de transfert pour tous les NFT de votre compte.

- `getApproved(uint256 _tokenId)`. Cette fonction renvoie l'adresse du compte qui a les droits de transfert pour le NFT spécifié (`_tokenID`).

- `isApprovedForAll(address _owner, address _operator)`. Cette fonction vérifie si le compte (`_operator`) dispose des droits de transfert pour tous les NFT d'un autre compte (`_owner`).

- `supportsInterface(bytes4 interfaceID)`. Cette fonction est incluse dans l'interface ERC-165 à des fins de détection d'interface standard.

Les événements

Et voici les événements déclarés dans l'interface ERC-721 :

- `Transfer(address indexed _from, address indexed _to, uint256 indexed _tokenId)`. Il faut émettre cet événement dès que des NFT sont transférés d'un compte à un autre.

- `Approval(address indexed _owner, address indexed _approved, uint256 indexed _tokenId)`. Il faut émettre cet événement chaque fois qu'un compte approuve le transfert direct d'un NFT vers un autre compte.

- `ApprovalForAll(address indexed _owner, address indexed _operator, bool _approved)`. Il faut émettre cet événement chaque fois qu'un compte accorde ou retire le droit à un autre compte d'accéder à tous ses NFT.

Les variables

Lorsque vous implémentez l'interface ERC-721, il est nécessaire de stocker certaines variables d'état dans le contrat du token. Ces variables d'état peuvent être déclarées et définies à votre convenance.

» `owners[]` stocke l'adresse du compte propriétaire associé à chacun des NFT individuels. Cette variable est un tableau.

» `balances[]` stocke le nombre de NFT dans chaque compte. Cette variable est un tableau.

» `tokenApprovals[]` stocke l'adresse du compte qui est autorisé à transférer les droits de chaque NFT, à un moment donné. Cette variable est un tableau.

» `operatorApprovals[][]` indique si un compte est actuellement autorisé à transférer les NFT d'un autre compte. Cette variable est une matrice.

» `name` (optionnel) stocke le nom de groupe d'une série de NFT (par exemple, CryptoKitties).

» `symbol` (optionnel) stocke le symbole associé aux NFT (comme `CK` dans le cas des CryptoKitties).

Autres standards Ethereum

Avec la prolifération de tokens fongibles et non fongibles, diverses implémentations continuent d'ajouter des fonctionnalités à l'ensemble. Certaines de ces fonctionnalités ont été normalisées comme standards additionnels de tokens. Ceux-ci ouvrent la voie soit à un nouveau standard complet (tel que le standard multitoken), soit à une interface standard d'amélioration des interfaces fongibles ou non fongibles originelles.

Voici quelques exemples de standards finalisés :

» **Le standard de token ERC-777.** Ce standard a introduit une interface de token ERC rétroactivement compatible avec des fonctions avancées, dont certaines ont été popularisées par le standard ERC-721 sur les NFT. Par exemple, l'interface ERC-777 spécifie une fonction pour accorder le droit de transfert de tokens au nom d'un autre compte.

» **Le standard de token payable ERC-1363.** Ce standard a introduit une interface pour les tokens ERC-20 en vue de permettre l'exécution de code automatique sur un appel des fonctions `transfer`, `transferFrom` ou `approve`.

» **Le standard ERC-155 multitoken.** Ce standard a introduit une interface consolidée pour la gestion de plusieurs sortes de tokens : fongibles, non fongibles et semi-fongibles (semblables à des éditions limitées).

» **Le standard ERC-2981 pour les royalties sur les NFT.** Ce standard a introduit une interface pour les tokens non fongibles ERC-721 et ERC-1155 permettant d'indiquer un montant de royalties et un destinataire devant être payé chaque fois que le NFT en question est vendu.

Nous devrions voir sans nul doute émerger bien d'autres standards au cours des mois et années à venir...

DANS CE CHAPITRE

Lancer son propre NFT.

Suivre son NFT à la trace.

Interagir avec son NFT.

Chapitre 11

Créer un token ERC-721

Ce chapitre vous guide, en mode pas à pas, à travers les étapes du développement, de la compilation et du déploiement de votre premier contrat de NFT.

Pour accomplir les étapes de ce chapitre, il est nécessaire d'avoir complété au préalable les instructions indiquées dans les Chapitres 7 à 9.

Écrire et compiler un NFT

Un contrat de token est un type particulier de smart contract, dont nous avons suivi les étapes de lancement dans le Chapitre 9. Donc n'hésitez pas à vous y référer en cas de doute sur la création et la compilation d'un smart contract.

Le code

Pour créer un contrat de token, vous devez en premier lieu activer Remix, l'environnement de développement en Solidity :

1. **Allez à `https://remix.ethereum.org`.**

2 Cliquez sur l'icône Create New File (sous la mention default_ workspace).

Une zone de texte s'affiche.

3 Dans la zone de texte, saisissez « NFTPLN.sol », puis appuyez sur Entrée.

Sur la droite de l'écran, vous voyez apparaître un panneau vierge surmonté du nom du fichier.

L'extension `.sol` identifie les fichiers source en Solidity (voir Chapitre 9).

Cliquez sur l'icône (dans la barre verticale gauche) pour faire disparaître la colonne File Explorers (explorateur de fichiers) et ainsi agrandir le panneau d'écriture de code. Cliquez de nouveau sur pour réafficher l'explorateur de fichiers.

4 Saisissez le code suivant dans le panneau du fichier NFTPLN.sol :

```
pragma solidity ^0.8.0;
import "https://github.com/OpenZeppelin/openzeppelin-
contracts/blob/master/contracts/token/ERC721/extensions/
ERC721URIStorage.sol";
contract NFTPLN is ERC721URIStorage
{
   address public founder;
   constructor() ERC721("NFTs pour les Nuls","NFTPLN")
    {
   founder = msg.sender;
   for (uint tokenID=1; tokenID<=5;tokenID++)
       {
      _mint(founder, tokenID);
      _setTokenURI(tokenID, "NFTPLN Edition Limitee");
       }
    }
    function mintNFT
       (
      address to,
      uint256 tokenID,
      string memory tokenURI
      )
    public
    {
      require(msg.sender == founder, "mineur non autorise");
```

```
        _mint(to, tokenID);
        _setTokenURI(tokenID, tokenURI);
    }
}
```

La ligne `import "[…]/ERC721URIStorage.sol";` doit apparaître sur une seule ligne et ne pas être coupée.

Pour éviter des erreurs de frappe, vous pouvez recopier ce code depuis la page `https://ichbiah.com/documents/bitcoin/smart-contract.htm`.

Solidity étant sensible à la casse (différence entre les majuscules et les minuscules), il faut bien saisir ce code tel quel. `ERC721URIStorage` et `erc721uristorage` ne seraient pas traités pareillement à la compilation.

5. **Pour compiler le code source que vous venez de saisir, cliquez sur l'icône Solidity Compiler située sur la barre verticale gauche.**

6. **Cliquez sur le bouton Compile NFTPLN.sol.**

   Si tout se passe bien, le chiffre 1 apparaît en orange sur l'icône Solidity Compiler, et si vous la survolez, le message « *compilation finished successful without warning* » (la compilation s'est achevée avec succès sans le moindre avertissement) s'affiche.

Les détails de la compilation de ce contrat apparaissent sous le bouton Compile NFTPLN.sol. Mais, cette fois, lorsque vous cliquez sur le menu déroulant Contract (comme dans la Figure 11.1), vous voyez apparaître, en plus de NFTPLN, les noms de contrats suivants :

- ERC721 ;
- IERC721 ;
- IRC721Receiver ;
- IERC721URIStorage ;
- IERC721Metadata ;

» Address ;

» Context ;

» Strings ;

» ERC165 ;

» IERC165.

Figure 11.1

Les détails de la compilation du contrat NFTPLN et des contrats associés apparaissent sur Remix.

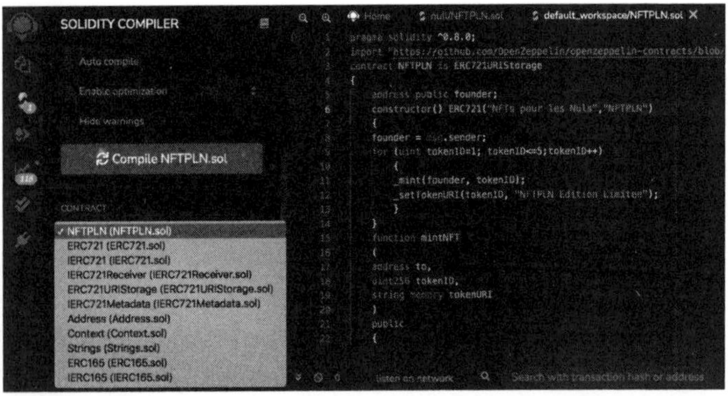

La troisième ligne de notre code indique `contract NFTPLN is ERC721URIStorage`. Cela signifie que notre contrat est dérivé d'un contrat prédéfini ERI721URIStorage, dont le code est indiqué sur Github, à l'adresse :

```
https://github.com/OpenZeppelin/openzeppelin-
contracts/blob/master/contracts/token/ERC721/
extensions/ERC721URIStorage.sol
```

Nous avons là un contrat dérivé du contrat de base ERC721.

Explications pas à pas

Voici quelques explications sur le code de NFTPLN.sol. Nous vous indiquons également ici quelques astuces vous permettant de personnaliser le code sans risque.

Ligne 1

```
pragma solidity ^0.8.0;
```

Nous indiquons ici la version du compilateur de Solidity qui doit être utilisée, en l'occurrence les diverses versions 0.8.*x*, mais inférieures à la version 0.9.0.

Ligne 2

```
import "https://github.com/OpenZeppelin/openzeppe-
lin-contracts/blob/master/contracts/token/ERC721/extensions/
ERC721URIStorage.sol";
```

`Import` indique au compilateur qu'il faut importer le contrat ERC721URIStorage de la bibliothèque OpenZeppelin présente sur Github.

Si vous visitez l'adresse Github en question, vous remarquerez que ERC721URI importe lui-même le code du contrat ERC721.sol tel qu'il existe dans OpenZeppelin.

ERC721URI apporte des fonctionnalités supplémentaires à ERC721 (qui, rappelons-le, définit ce qu'est un NFT) : la possibilité de définir et de stocker des informations additionnelles spécifiques à un token (*tokenURI*).

Ligne 3

```
contract NFTPLN is ERC721URIStorage
```

Ici, nous définissons le contrat NFTPLN. `is` indique que notre nouveau contrat est dérivé d'un contrat de base, ERC721URI, dont le contenu se trouve dans le fichier .sol de la ligne précédente. Cette relation est un *héritage*. Solidity autorise des héritages multiples. Un contrat peut hériter des capacités de nombreux autres contrats, que ce soit directement ou indirectement.

Bien évidemment, vous pouvez choisir un autre nom que NFTPLN pour ce contrat de token.

Ligne 5

```
address public founder;
```

Cette ligne déclare une variable d'état publique (`founder`) de type `address`. Le code de `founder` est défini plus bas. La variable `founder` se voit assignée l'adresse du compte du créateur du token. Cela permet de s'assurer que seul le compte de ce créateur de token a la capacité de miner de nouveaux tokens.

Ligne 6

```
constructor() ERC721("NFTs pour les Nuls","NFTPLN")
```

Ce bloc de code déclare la fonction `constructor`(), laquelle est exécutée une seule fois, à la première exécution de ce contrat.

`ERC721("NFTs pour les Nuls","NFTPLN")` spécifie le nom et l'abréviation à utiliser pour la fonction `constructor` de ERC721.

Vous pouvez personaliser le nom et l'abréviation de votre contrat de token.

Ligne 8

```
founder = msg.sender;
```

Nous entrons dans le contenu de la fonction `constructor()`. Cette première ligne de code (au sein des accolades) initialise l'adresse stockée dans la variable d'état `msg.sender`, laquelle contient l'adresse du compte qui a lancé la transaction. Sachez que `msg` est une variable globale qui contient une information sur la transaction en cours. `sender` est un membre de cet objet (connu comme une *struct* en Solidity).

Dans la mesure où ce code fait partie de la fonction `constructor()`, pour l'essentiel cette ligne de code stocke dans la variable d'état `founder` l'adresse du compte dans laquel le contrat de token est déployé.

Lignes 9 à 13

```
for (uint tokenID=1; tokenID<=5;tokenID++)
    {
    _mint(founder, tokenID);
    _setTokenURI(tokenID, "NFTPLN Edition Limitee");
    }
```

Ce bloc de code implémente une boucle `for` qui crée de nouveaux tokens numérotés de 1à 5 de manière itérative.

Vous pouvez personnaliser le nombre de tokens à créer en remplaçant `5` dans la partie `tokenID<=5` par la valeur de votre choix. Mais attention : plus vous sélectionnez un chiffre élevé, plus le gas nécessaire pour déployer votre contrat sera élevé.

À l'intérieur de cette boucle `for`, l'appel de la fonction `_mint(founder, tokenID)` crée un nouveau `tokenID` avec un numéro identifiant et désigne l'adresse `founder` comme le compte qui possède ce nouveau token.

L'appel de la fonction `_setTokenURI(tokenID`, «NFTPLN Edition Limitee») stocke la chaîne `NFTPLN Edition Limitee` en tant qu'information spécifique au token, à laquelle il est possible d'accéder par la suite avec l'identifiant numérique `tokenID`.

Les fonctions `_mint` et `_setTokenURI` ont été définies à l'origine par les contrats ERC721 et ERC721URI.

Vous pouvez personnaliser la chaîne de votre contrat de token.

Lignes 15 à 21

```
function mintNFT
  (
address to,
uint256 tokenID,
string memory tokenURI
)
public
```

Ce bloc de code déclare la fonction publique `mintNFT` (minage de NFT) avec trois arguments : `to`, `tokenID` et `tokenURI`, dont les types respectifs sont `address`, `uint256` et `string` (chaîne).

Lignes 23 à 25

```
require(msg.sender == founder, "mineur non autorise");
_mint(to, tokenID);
_setTokenURI(tokenID, tokenURI);
```

Ce bloc implémente la fonction `mintNFT`.

La fonction `require` indique une condition qui doit être remplie pour que le reste du code puisse être exécuté. Ici, cette fonction prédéfinie dans Solidity détermine si le compte qui doit émettre le minage avec l'instruction `_mint(to, tokenID)` correspond bien au créateur (`fonder`) autorisé. Si cette condition n'est pas remplie, celui qui appelle la fonction reçoit le message « mineur non autorisé » et l'exécution s'achève sans aller plus loin.

Si la condition est remplie, l'instruction `_mint(to, tokenID)` crée un nouveau token avec un identifiant numérique `tokenID` et désigne l'adresse `to` comme le compte qui possède ce nouveau token. Puis l'appel de fonction `_setTokenURI(tokenID, tokenURI)` stocke la chaîne qui se trouve dans `tokenURI` comme partie de l'information spécifique à laquelle il sera possible d'accéder pour ce qui est du token identifié par `tokenID`.

Déployer votre NFT

Une fois que vous avez compilé votre code source, vous pouvez exécuter ces instructions.

Avant d'aller plus loin, il peut être utile de revoir les Chapitres 7 et 8 pour savoir comment changer de réseau et de compte sur MetaMask. Et vous pouvez vous référer au Chapitre 9 pour ce qui concerne le déploiement d'un smart contract.

Déployer le contrat de NFT sur Ganache

Commençons par déployer le contrat de token sur votre environnement local Ganache.

L'application Ganache doit être ouverte et en cours d'exécution dans l'espace de travail approprié (comme l'espace de travail danic space utilisé par l'auteur au Chapitre 8).

1. **Activez l'extension MetaMask.**

2. **Connectez-vous au réseau personnalisé que vous avez défini et sélectionnez le compte local Ganache que vous avez importé depuis l'icône circulaire colorée en haut à droite dans MetaMask.**

   En ce qui nous concerne, nous avons sélectionné le réseau danic space et le compte Ganache (voir Figure 11.2).

3. **Depuis la page de Remix, cliquez sur l'icône Ethereum du panneau vertical de navigation afin d'afficher le panneau Deploy and Run Transactions.**

Figure 11.2

Le wallet MetaMask connecté au compte Ganache sur le réseau danic space.

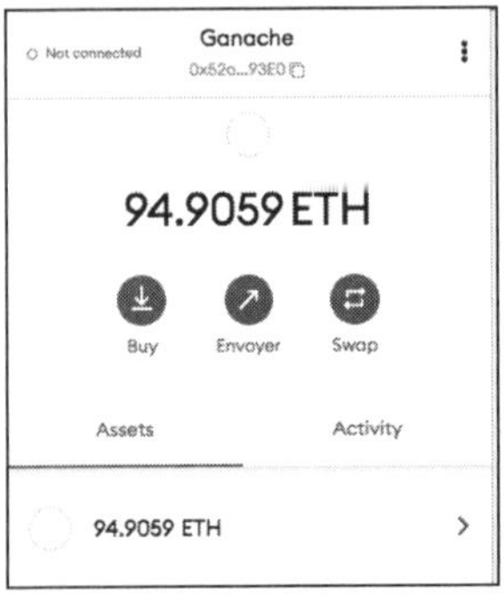

❹ **Dans le menu déroulant du haut (Environment), sélectionnez Injected Web3.**

La clé du compte sélectionné sur MetaMask apparaît sous la mention Account (voir Figure 11.3).

Figure 11.3

Le compte actif sur MetaMask apparaît dans l'interface de Ganache.

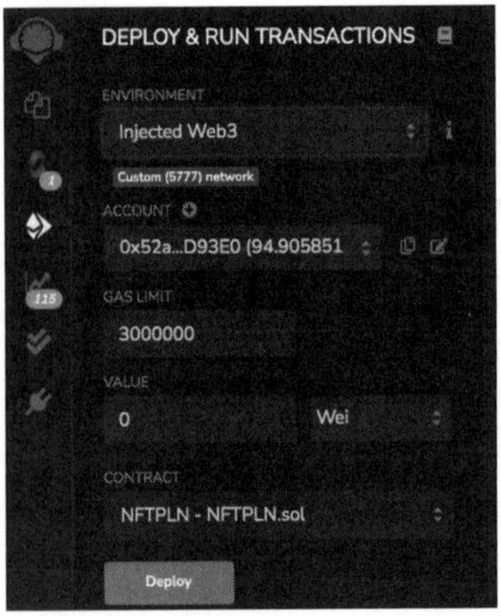

❺ **Sélectionnez si nécessaire le contrat NFTPLN depuis le menu déroulant Contract, puis cliquez sur le bouton Deploy.**

❻ **Confirmez l'exécution du contrat sur MetaMask.**

Et voilà ! Vous venez de déployer NFTPLN sur votre blockchain locale (danic space pour ce qui nous concerne). Bien sûr, cette exécution du contrat a été rapide dans la mesure où Ganache mine les blocs automatiquement afin de faciliter cette phase de test.

Au-dessous du bouton Deploy, vous pouvez voir comment le contrat NFTPLN a été déployé avec ses fonctions publiques et les données correspondantes, comme le montre la Figure 11.4.

Figure 11.4

Les fonctions publiques du contrat NFTPLN avec leurs données.

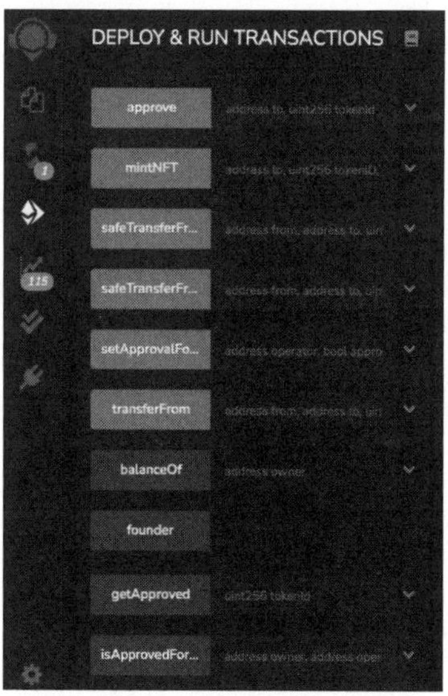

Si la fonction `mintNFT` et la variable d'état `founder` font partie du contrat, les autres caractéristiques sont propres à l'interface du standard ERC-721 (voir Chapitre 10).

Ce menu vous permet d'interagir avec le contrat de token que vous venez de déployer. Certaines interactions sont gratuites et d'autres nécessitent du gas. Vous pouvez les essayer à loisir. Nous allons entrer dans le détail en activant le réseau de test Ropsten.

Déployer le contrat de NFT sur Ropsten

Pour déployer le contrat sur le réseau de test Ropsten, il est nécessaire de reconfigurer MetaMask.

Dans MetaMask, connectez-vous au réseau de test Ropsten puis sélectionnez le compte qui détient des ETH de test (opération que nous avons réalisée dans le Chapitre 7). Comme le montre la Figure 11.5, nous utilisons ici le compte testnet.

Figure 11.5

L'affichage sur MetaMask du compte testnet sur le réseau de test Ropsten.

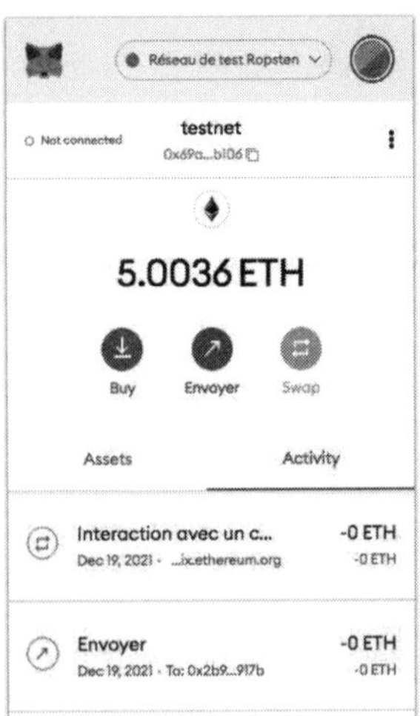

Sur Remix, revenez dans le panneau Deploy & Run Transactions et suivez les étapes suivantes.

❶ **Sélectionnez si nécessaire Injected Web3 depuis le menu déroulant Environment.**

L'adresse du compte que vous avez sélectionné dans MetaMask apparaît sous la mention Account (voir la Figure 11.6).

Figure 11.6

La mention Ropsten et l'adresse du compte concerné apparaissent dans Remix.

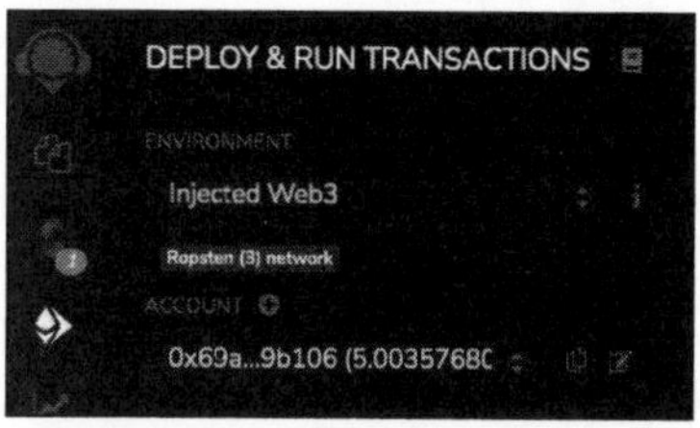

❷ **Sélectionnez si nécessaire le contrat compilé NFTPLN dans le menu déroulant Contract, puis cliquez sur le bouton Deploy.**

❸ **Dans MetaMask, cliquez sur le bouton Confirmer (voir Figure 11.7).**

Figure 11.7

Confirmation du déploiement du contrat sur le réseau de test Ropsten.

Parfait ! Une fois votre transaction exécutée sur Ropsten, un nouveau contrat apparaît dans la liste Deployed Contracts au bas du panneau Deploy & Run Transactions. Cliquez sur l'icône à droite du nom du contrat afin de sauvegarder l'adresse du contrat (voir Figure 11.8).

Figure 11.8

Copiez l'adresse du contrat nouvellement déployé.

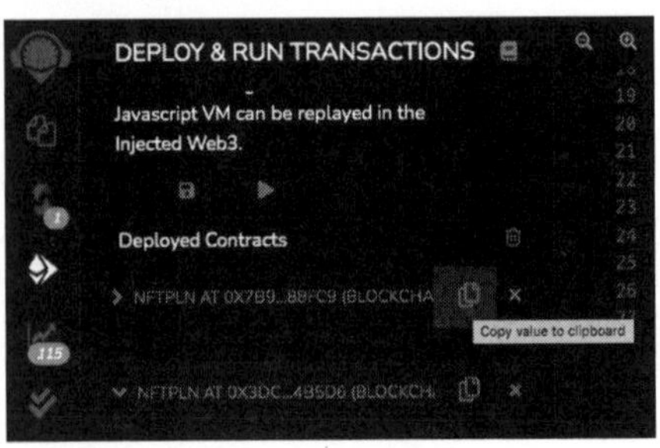

Dans le cas de notre contrat, l'adresse commence par « 0x789 ».

Le temps d'attente de l'exécution d'un contrat tel que celui défini ici est habituellement inférieur à une minute, mais cette durée peut varier. Soyez patient ! Toutefois, si le réseau ne répond pas au-delà d'une dizaine de minutes, vous pouvez relancer le déploiement du contrat avec le bouton Deploy.

Plus bas dans ce même panneau, vous pouvez observer la même liste de fonctions publiques que sur Ganache, avec les données correspondantes sur le réseau de test Ropsten.

Par exemple, si vous cliquez sur le bouton Founder, vous pouvez voir l'adresse MetaMask depuis laquelle vous avez déployé ce contrat. Si vous collez cette adresse en face de la variable `balanceOf`, vous pouvez voir que, comme requis par notre code, 5 tokens ont été générés pour ce compte (voir Figure 11.9).

Figure 11.9

Interaction avec le contrat déployé sur le réseau de test Ropsten.

Si vous souhaitez continuer d'interagir avec ce contrat depuis le compte founder, vous pouvez utiliser le bouton mintNFT pour créer un nouveau token NFTPLN (tout en sachant que ce nouveau token requerra du gas). Voici comment faire :

❶ **Cliquez sur la flèche ∨ à droite du bouton mintNFT, comme dans la Figure11.10.**

Figure 11.10

La flèche v en face de mintNFT permet de faire apparaître les paramètres de la fonction.

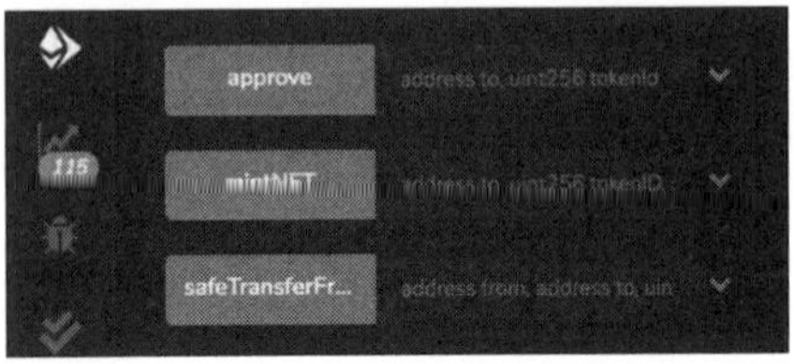

Figure 11.11

Les paramètres de la fonction mintNFT.

❷ **Remplissez les paramètres de la fonction, comme dans la Figure 11.11 :**

- `to` : indiquez une adresse de compte. Vous pouvez utiliser n'importe quelle adresse, comme celle d'un compte précédemment utilisé (ce que nous avons fait ici).
- tokenID : 17760704.
- tokenURI : `https://fr.wikipedia.org/wiki/Prise_de_la_Bastille`

Nous avons en effet choisi une page de Wikipédia comme exemple.

❸ **Cliquez sur le bouton Transact, puis confirmez depuis MetaMask.**

Attendez le temps nécessaire à l'exécution de cette fonction. Puis tapez le tokenID « 17760704 » dans les zones de texte `ownerOf` et `tokenURI`, comme dans la Figure 11.12. Lancez à chaque fois la fonction correspondante. Vous obtenez bien les informations correspondant à la fonction que vous venez de lancer. Si vous entrez une autre valeur comme 1 ou 5, vous obtiendrez d'autres résultats.

Figure 11.12

Accès aux informations du token 11760704.

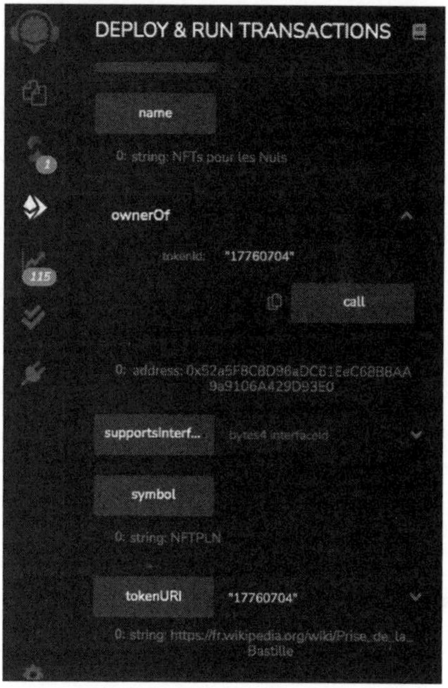

Si vous introduisez un numéro de token inexistant, vous obtenez un message d'erreur dans la console de Remix (voir Figure 11.13).

Figure 11.13

Si vous tapez un identifiant de token inexistant (comme AZERTY), la console de Remix affiche un message d'erreur.

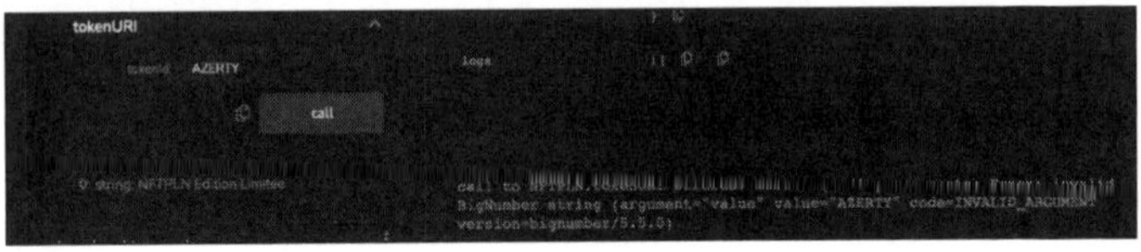

Vous pouvez aussi vérifier l'état de votre token NFTPLN *via* le wallet MetaMask. Pensez à copier de nouveau l'adresse du contrat lui-même comme requis plus haut (voir Figure 11.8).

Assurez-vous que vous êtes sur le compte testnet de Ropsten, puis procédez ainsi :

1. **Cliquez sur l'onglet Assets de MetaMask, puis cliquez sur le bouton Import tokens au bas de cette fenêtre (voir Figure 11.14).**

Figure 11.14

Le bouton d'ajout d'un nouveau type de token dans votre wallet MetaMask.

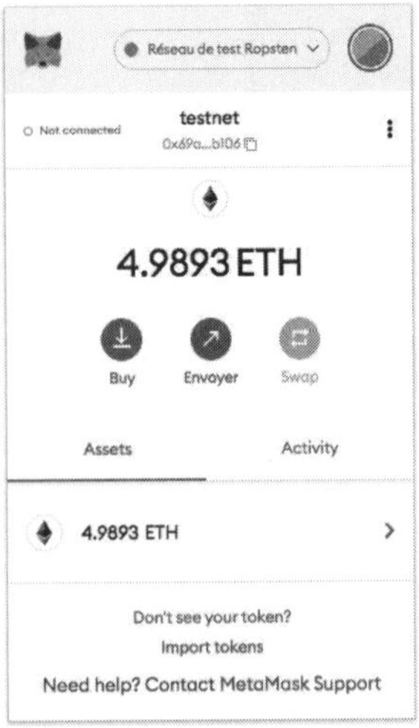

2. **Dans le panneau Import Tokens (voir Figure 11.15), indiquez l'adresse du contrat.**

   Le nom du token (« NFTPLN ») s'affiche automatiquement.

Figure 11.15

Indication des spécifications du token.

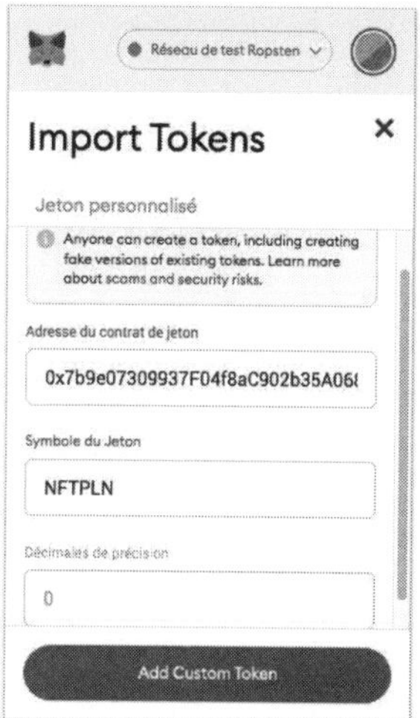

3. **Saisissez « 0 » dans la rubrique Décimales de précision.**

   À la différence des tokens fongibles, chaque NFT est unique et ne peut être divisé. C'est pourquoi ce champ est égal à 0 pour les NFT.

4. **Cliquez sur le bouton Add Custom Token (ajouter un token personnalisé).**

   Vous voyez apparaître le panneau de la Figure 11.16. Remarquez que NFTPLN a un solde égal à 5.

5. **Cliquez sur Import tokens pour finaliser l'ajout de ce nouveau token dans votre wallet MetaMask.**

Figure 11.16

Les éléments du token NFTPLN avant sa validation.

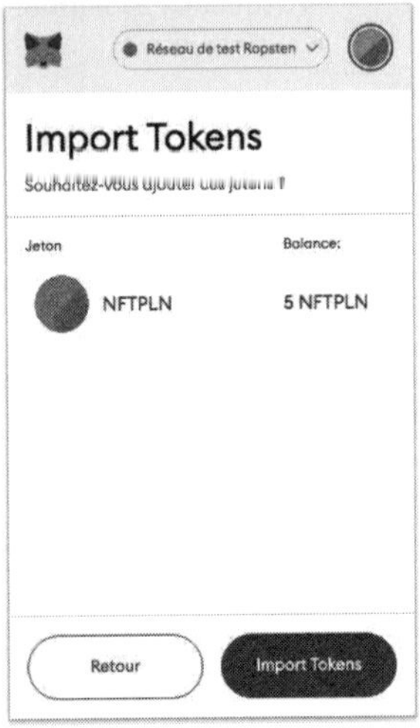

À présent, si vous affichez les actifs (*assets*) de votre compte, vous pouvez voir les cinq NFTPLN en plus de vos ETH de test (voir Figure 11.17).

Ce token NFTPLN n'apparaît que lorsque vous êtes connecté au réseau de test Ropsten. Si vous activez un autre réseau depuis MetaMask, vous ne le verrez pas.

Ainsi, votre solde en ETH disparaît dès lors que vous êtes connecté à un testnet depuis le réseau principal Ethereum (mainnet), comme nous le voyons dans la Figure 11.18.

Figure 11.17

À présent, votre portefeuille MetaMask sous le réseau Ropsten affiche le token NFTPLN en plus de vos ETH.

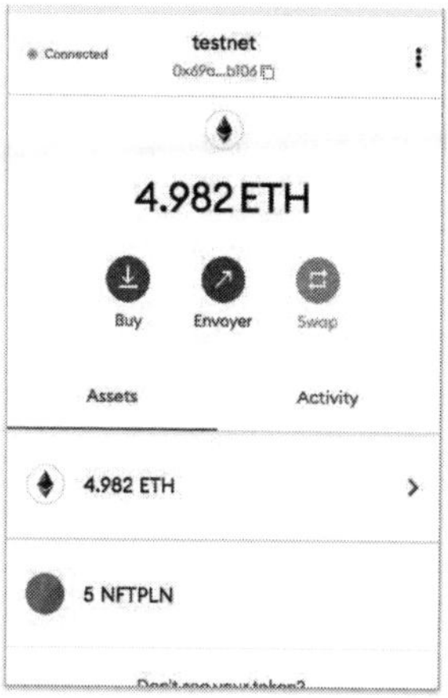

Figure 11.18

Si vous activez le réseau principal Ethereum, le solde de ETH de test est égal à 0 et le token NFTPLN n'apparaît pas.

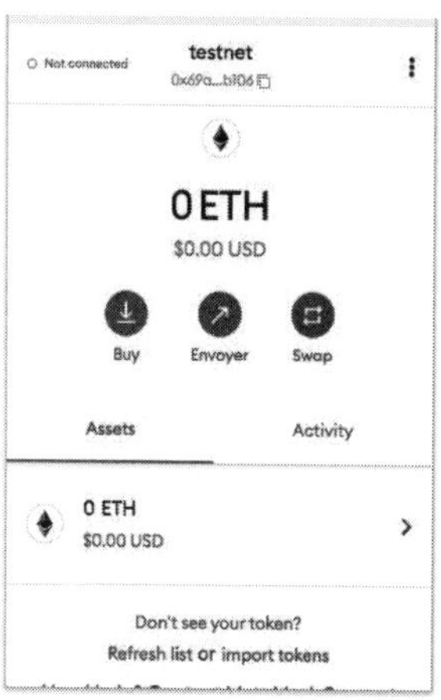

La transaction que nous avons effectuée a bel et bien été enregistrée sur EVM (Ethereum Virtual Machine). Une fois reconnecté au réseau de test Ropsten et au compte testnet, vous pouvez le vérifier en cliquant sur la mention Interactions avec un contrat de l'onglet Activity de MetaMask. Cliquez ensuite sur View on block explorer. Vous voyez alors apparaître la page etherscan.io correspondant à cette transaction sur le réseau Ropsten (voir Figure 11.19).

Figure 11.19

La transaction est visible sur etherscan.io et il est bien indiqué qu'elle est spécifique au réseau Ropsten.

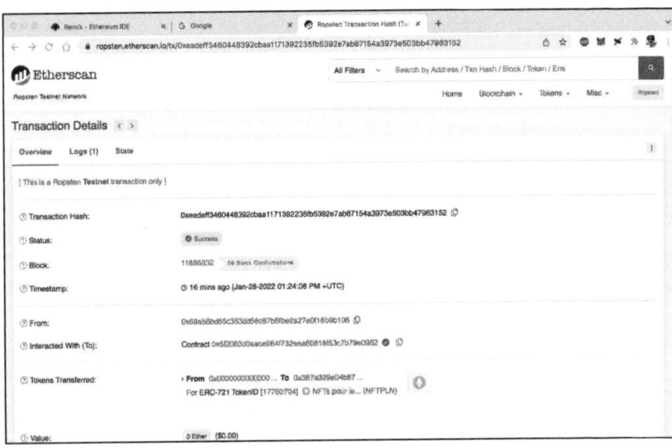

Résumons ce que nous avons créé :

- » un compte sur lequel nous avons déployé NFTPLN sur Ropsten ;
- » un second compte qui a reçu le token 17760704 ;
- » un contrat NFTPLN sur Ropsten ;
- » six NFTPLN au total (1, 2, 3, 4, 5 et 17760704).

Déployer le contrat sur le réseau principal Ethereum (mainnet)

Si vous disposez d'ethers (ETH) sur votre compte habituel (réseau principal Ethereum), vous pouvez déployer votre contrat sur ce réseau.

Les étapes à suivre sont quasiment identiques à celles que nous avons abordées précédemment. La différence essentielle est que vous devez être connecté au réseau principal Ethereum et que votre compte doit disposer d'ethers réels.

Lorsque vous déployez un tel contrat sur le réseau principal Ethereum, Remix affiche un avertissement afin de s'assurer que vous êtes conscient d'opérer à présent sur ce réseau (voir Figure 11.20). En effet, dans ce contexte, vous allez devoir payer du gas à partir de vos propres ETH.

Figure 11.20

Si vous tentez de déployer ce contrat sur le réseau principal Ethereum, Remix affiche un avertissement.

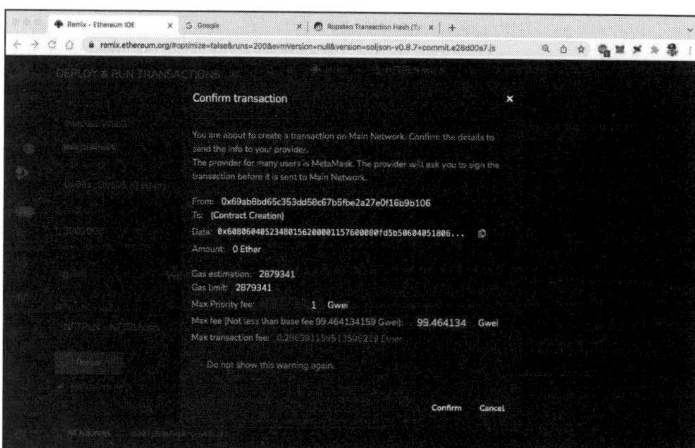

Si vous confirmez l'opération, MetaMask affiche une notification indiquant le montant du gas à payer (voir Figure 11.21). Cette notification est semblable à celle affichée Figure 11.7, si ce n'est que MetaMask évalue ici des frais de gas réels à payer pour exécuter le contrat NFTPLN. Dans le cas présent, ils seraient de 0,28 ETH (soit la bagatelle d'environ 620 euros à l'heure où sont écrites ces lignes, raison pour laquelle nous avons rejeté cette transaction).

Figure 11.21

Le gas qui serait nécessaire à l'exécution de ce contrat est fort élevé.

Faire vivre votre NFT

Une fois que vous avez déployé votre premier NFT, vous pouvez continuer d'interagir avec ce dernier. Ici, nous suivons les traces du contrat NFTPLN sur le réseau de test Ropsten.

Les étapes pour suivre un tel contrat sur le réseau principal Ethereum seraient pour l'essentiel identiques.

Suivre votre NFT sur la blockchain

Voici les étapes à suivre pour voir les informations et l'activité reliées à votre NFT :

1. **Allez à la page `https://ropsten.etherscan.io`.**

2. **Collez l'adresse de votre contrat de NFT dans la barre de recherche et appuyez sur Entrée (voir Figure 11.22).**

   La page qui apparaît indique qui a créé le contrat. Les transactions effectuées apparaissent dans la partie inférieure. Dans la section More Info, vous pouvez lire, en regard de Tracker, la mention « NFTs pour les Nuls (NFTPLN) ».

Figure 11.22

Retrouvez votre contrat sur Ropsten.

3. **Cliquez sur NFTs pour les Nuls (NFTPLN) en regard de Tracker (voir Figure 11.23).**

Figure 11.23

La partie More Info d'Etherscan.

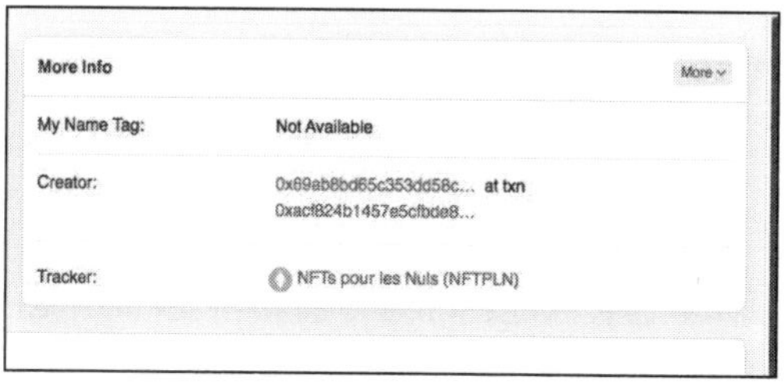

L'écran de la Figure 11.24 indique que six transactions ont été effectuées : la création des tokens 1, 2, 3, 4, 5 et 17760704 (que nous avons miné avec la fonction `mintNFT`).

L'onglet Holders (voir Figure 11.25) permet de voir qui sont les détenteurs de ces tokens et combien ils en possèdent.

Figure 11.24

Les six tokens créés depuis le contrat NFTPLN.

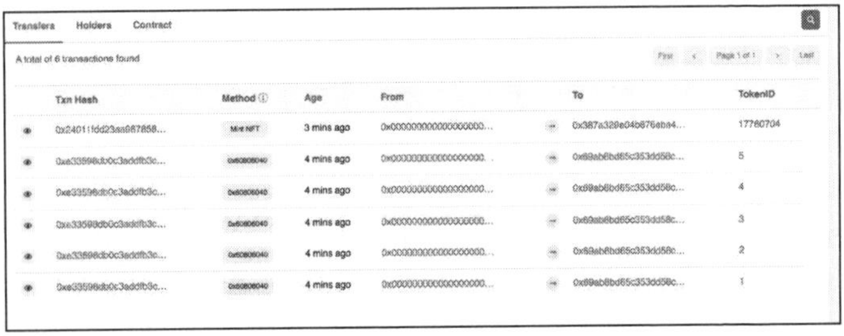

Figure 11.25

Les détenteurs des tokens générés par le contrat NFTPLN.

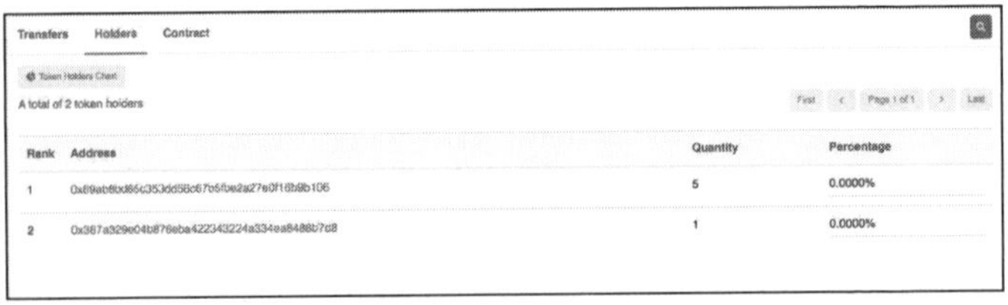

Interagir avec votre NFT

Si vous souhaitez interagir avec votre NFT par la suite (par exemple, pour miner de nouveaux tokens), il vous faut recompiler le code de votre contrat depuis Remix et le redéployer :

1. **Connectez-vous à votre wallet MetaMask sur un réseau tel que Ropsten et choisissez le compte de test approprié.**

2. **Allez sur `https://remix.ethereum.org`.**

3. **Depuis la page Solidity Compiler, cliquez sur Compile NFTPLN. sol.**

4. **Cliquez sur l'icône Ethereum du panneau vertical de navigation afin d'accéder à la page Deploy & Run Transactions.**

5. **Sélectionnez l'environnement Injected Web3 et vérifiez que le réseau et le compte affichés sont bien les mêmes que dans MetaMask.**

6. **Repérez l'adresse du contrat sous la mention Deployed Contracts, copiez-la et collez-la dans la case At Address (voir Figure 11.26).**

Figure 11.26

Ici, nous copions l'adresse du contrat précédemment déployé (telle qu'elle apparaît sous Deployed Contracts).

À partir de là, vous pouvez miner de nouveaux tokens. Dans l'exemple de la Figure 11.27, nous minons un nouveau token portant le numéro 17760705.

Figure 11.27

Minage d'un nouveau token avec le numéro 17760705 et demande de confirmation dans MetaMask.

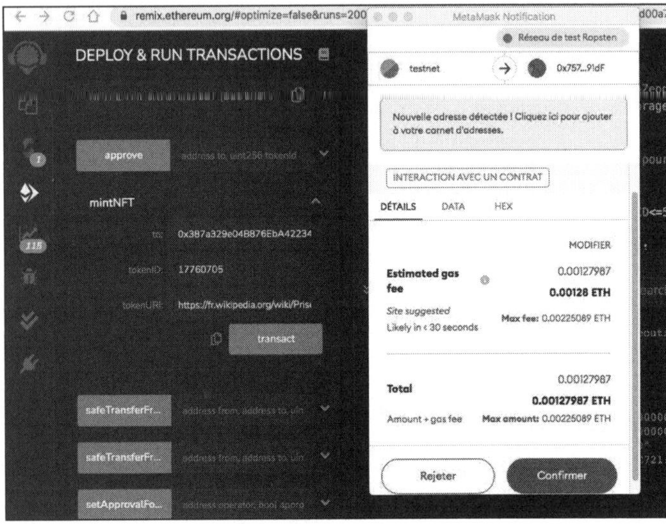

Quatrième partie

Les Dix Commandements

Dans cette partie...

Les dix plateformes de NFT à la croissance la plus rapide.

Les dix NFT les plus chers de l'histoire.

DANS CE CHAPITRE

Découvrir les principales places de marché de NFT.

Acheter, créer et vendre des NFT sur ces marchés.

Comparer les avantages et les inconvénients de chaque marché.

Chapitre 12

Dix places de marché pour vos NFT

Les NFT ont pris le monde d'assaut, et leur univers évolue rapidement. C'est une invention extraordinaire, qui permet aux créatifs du monde entier d'élaborer et de partager leurs créations, tout en percevant un revenu pour leur travail. Cette opportunité a décollé en partie en raison des conditions économiques engendrées par la situation sanitaire de 2020. Mais maintenant que l'artiste et le collectionneur sont dotés de cette nouvelle technologie, il nous faut compter avec.

Ce chapitre dévoile les dix plateformes les plus intéressantes pour créer et collectionner des NFT, en présentant les avantages et les inconvénients de chacune, afin de mieux vous préparer à créer, échanger et collectionner des NFT.

OpenSea

OpenSea (`https://opensea.io`) est la première plateforme *peer-to-peer* (contrôlée par les contributeurs de l'écosystème, un peu comme une coopérative) pour les objets de collection crypto (voir Figure 12.1).

Active depuis 2018, c'est l'une places de marché les plus connues. Elle dispose de nombreux outils qui permettent :

» que les consommateurs échangent leurs actifs librement ;

» que les créateurs lancent de nouvelles œuvres numériques ;

» que les développeurs élaborent des places de marché intégrées pour leurs actifs numériques.

Figure 12.1

La plateforme OpenSea.

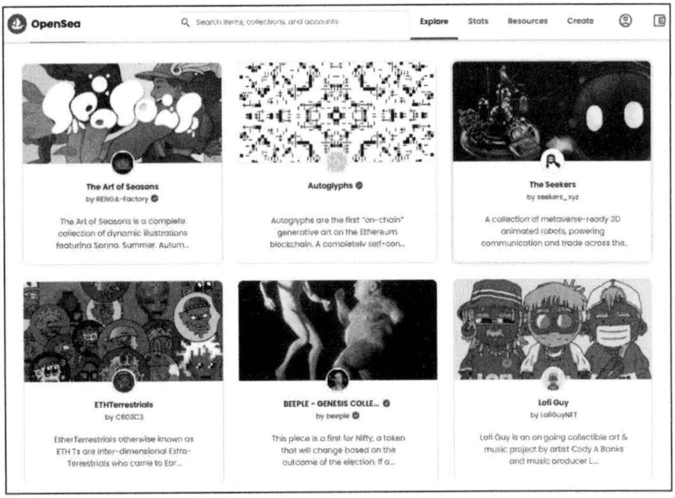

La plateforme OpenSea est conviviale : tout ce que vous avez à faire pour ajouter votre NFT est de choisir des catégories et de mettre en ligne votre œuvre. Un token est créé au passage, dont la propriété vous est attribuée, ce qui vous permet de la vendre immédiatement sur cette place de marché. OpenSea est compatible avec les standards ouverts (open source) de la blockchain, c'est-à-dire que vous pouvez créer votre œuvre sur une autre plateforme, puis la répertorier sur OpenSea. Et tout cela sans frais d'inscription ni long processus d'inscription.

OpenSea gagne de l'argent lorsque vous vendez un NFT. En effet, chaque fois que quelqu'un achète un NFT sur cette plateforme, la société perçoit 2,5 % de son prix de vente. Le créateur original du NFT peut également choisir de toucher une redevance sur chacune des ventes ultérieures de ses œuvres.

L'inconvénient d'OpenSea est qu'elle ne permet pas les achats par carte bancaire ou PayPal. Vous devez déjà posséder de la cryptomonnaie (principalement des ETH) ou en acheter pour pouvoir opérer sur ce marché. L'avantage de cette place de marché : son programme de parrainage. Si vous parrainez un ami sur OpenSea et qu'il y effectue un achat, vous pouvez gagner entre 40 % et 100 % de la commission qu'OpenSea perçoit pour cette vente.

Axie Infinity

Cette place de marché (`https://axieinfinity.com`) est associée au jeu vidéo en ligne *Axie Infinity* développé par le studio vietnamien Sky Mavis. Elle ne propose donc à la vente que des personnages et objets de l'écosystème de ce jeu, mais reste l'une des plateformes de NFT les plus populaires au monde (voir Figure 12.2).

Figure 12.2

La place de marché du jeu *Axie Infinity*.

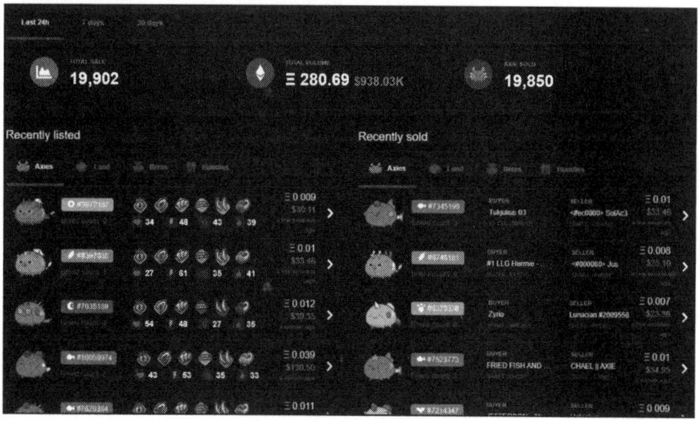

En jouant *à Axie Infinity*, qui s'inspire de l'univers de *Pokémon*, vous gagnez des tokens ainsi que des contributions à l'écosystème. Vous disposez de deux cryptomonnaies, Axie Infinity Shards (AXS) et Small Love Potion (SLP), qui permettent de collecter, d'élever et de faire combattre des animaux de compagnie ainsi que de leur construire un royaume.

Ce qui distingue *Axie Infinity* d'un jeu vidéo traditionnel est qu'il intègre une économie centrée sur le joueur. Le système récompense ce dernier pour sa contribution à l'écosystème. (Si vous avez lu le roman *Player One* d'Ernest Cline, adapté au cinéma par Steven Spielberg, vous comprenez de quoi nous parlons.) Ce nouveau modèle de jeu, dit *play-to-earn* (gagner de l'argent en jouant), est même devenu un système économique viable pour des populations du monde entier en quête de sources de revenus durant la pandémie de Covid-19.

Lorsqu'une transaction est effectuée sur la place de marché d'*Axie Infinity*, le vendeur et l'acheteur versent chacun 4,25 % de commission. Initialement, l'équipe de Sky Mavis utilisait ces commissions pour financer ses développements ultérieurs. Mais désormais, elles rejoignent un trésor communautaire qui récompense les détenteurs de tokens AXS ou SLP *via* le *staking*, c'est-à-dire en immobilisant ces avoirs dans un smart contract qui verse ensuite à leur propriétaire un dividende dans la même cryptomonnaie. Le fonctionnement est semblable à celui d'un compte d'épargne.

Comme OpenSea, la place de marché d'*Axie Infinity* n'accepte pas les paiements par PayPal ni par carte bancaire. Vous pouvez utiliser votre wallet MetaMask (voir Chapitre 2) pour les petites transactions ou passer par des plateformes de trading comme Coinbase (`www.coinbase.com`) pour des transactions plus importantes.

Par « petites » transactions, nous entendons celles correspondant à un montant que vous pouvez avoir sur vous en liquide à tout moment. Les transactions « importantes » sont rares, et pour ces cas-là, vous ne devriez pas déplorer d'avoir à passer des barrières de sécurité supplémentaires pour protéger vos fonds.

CryptoPunks

Lancée en juin 2017 par le studio new-yorkais Larva Labs, CryptoPunks (`www.larvalabs.com/cryptopunks`) est l'une des premières places de marché de tokens non fongibles (voir Figure 12.3). Construite sur le réseau de blockchain Ethereum, elle propose quelque 10 000 images d'art uniques de 24 × 24 pixels générées par algorithme et rappelant les premiers jeux vidéo. Chaque pièce a sa propre page de profil indiquant ses attributs et son statut de propriété.

Au départ, les CryptoPunks étaient proposés gratuitement à toute personne possédant un portefeuille Ethereum. Certains se vendent aujourd'hui pour des millions de dollars. Par exemple, *CryptoPunk #7523* s'est vendu pour 11,7 millions de dollars dans le cadre d'une enchère en ligne de Sotheby's.

Figure 12.3

La plateforme CryptoPunks.

Les images des CryptoPunks sont trop volumineuses pour être stockées de manière non énergivore sur Ethereum. L'image que le NFT représente subit donc un *hashage*, qui est écrit dans la blockchain.

Un *hashage* cryptographique (voir Chapitre 6) est un algorithme qui utilise une quantité arbitraire de données – une image de CryptoPunks, par exemple – pour créer une petite chaîne de caractères unique, de taille fixe. Les experts en big data utilisent le hashage depuis des années pour gérer de grandes quantités d'informations numériques.

Vous pouvez acquérir vos propres CryptoPunks en suivant ces étapes :

1. **Si vous ne l'avez pas déjà fait, téléchargez et installez, l'extension (plug-in) MetaMask pour le navigateur Chrome.**

   Pour plus d'informations sur MetaMask, consultez le Chapitre 2.

2. **Achetez des ETH ou transférez-en depuis un autre compte.**

3. **Depuis votre navigateur Chrome, allez sur `www.larvalabs.com/cryptopunks/forsale`.**

4. **Connectez-vous avec le plug-in MetaMask.**

   Après avoir reconnu votre portefeuille, le site de Larva Labs ajoute des boutons sur son interface, qui vous permettent d'enchérir, d'acheter et de vendre des CryptoPunks directement depuis votre navigateur.

NBA Top Shot

En 2019, la ligue nationale de basket-ball américaine NBA s'est associée à la société Dapper Labs, à l'origine de *CryptoKitties*, pour créer la place de marché Top Shot (`https://nbatopshot.com`, voir Figure 12.4). Grâce à son accord de licence avec la NBA et son syndicat de joueurs, cette boutique a rencontré un succès instantané, au point de générer des centaines de millions de ventes dès la première année.

Ce qui est particulier à l'ère numérique, c'est que l'information peut être reproduite et partagée à l'infini. Pour cette raison évidente, la rareté est difficile à obtenir sur Internet. Les informations piratées sont accessibles facilement et gratuitement. La révolution de la technologie blockchain a été sa capacité à créer une rareté et une authenticité numériques, à un coût négligeable. Désormais, les événements et les objets sportifs peuvent se réinventer dans le monde numérique.

Figure 12.4

La place de marché Top Shot de la NBA.

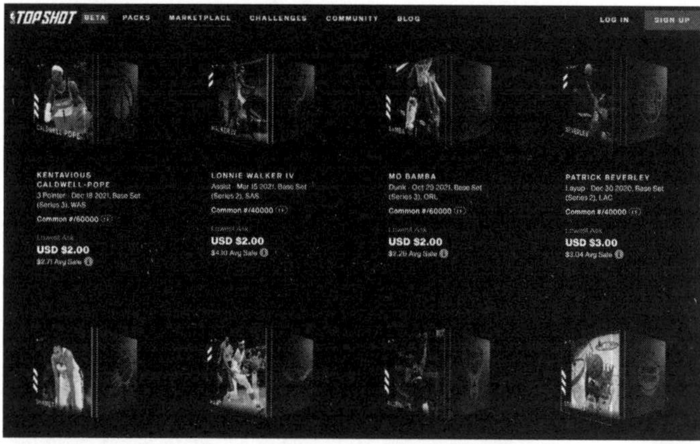

Répliquer le fichier multimédia qu'un NFT représente est possible, mais il est impossible de modifier l'enregistrement de propriété du NFT (s'il a été sécurisé de manière adéquate, bien sûr). En effet, l'élément est sécurisé au sein du réseau distribué de la blockchain. Les investisseurs achètent des NFT de sport parce qu'ils sont persuadés que ce nouveau type de souvenirs suscitera toujours l'intérêt des collectionneurs, au même titre que les cartes de basket-ball ou de football.

Top Shot propose quatre niveaux d'objets de collection qui vous permettent d'acheter des éditions courantes (produites à 10 000 exemplaires) ou uniques. La plateforme facture des frais de 5 %, qui sont répartis entre Dapper Labs et la NBA. L'achat de NFT y est simple et facile, car le site est convivial, et les paiements peuvent se faire par carte bancaire ou en cryptomonnaie.

Rarible

Rarible (`https://rarible.com`) a été lancée en 2020 et a rapidement gagné en popularité pour devenir l'une des plus grandes places de marché de NFT, récoltant quelque 150 millions de dollars de ventes en dix-huit mois (voir Figure 12.5). Tout ce que vous pouvez imaginer en matière de NFT est disponible à l'achat, car Rarible permet à quiconque d'acheter et de vendre aux enchères de l'art numérique. Cette plateforme dispose également d'un token de *gouvernance* (cryptomonnaie qui représente un pouvoir de vote sur un projet blockchain ; voir Chapitre 4), permettant aux utilisateurs de faire des propositions ou de voter pour ou contre d'autres propositions concernant les fonctionnalités et les frais de la plateforme.

Figure 12.5

La place de marché Rarible.

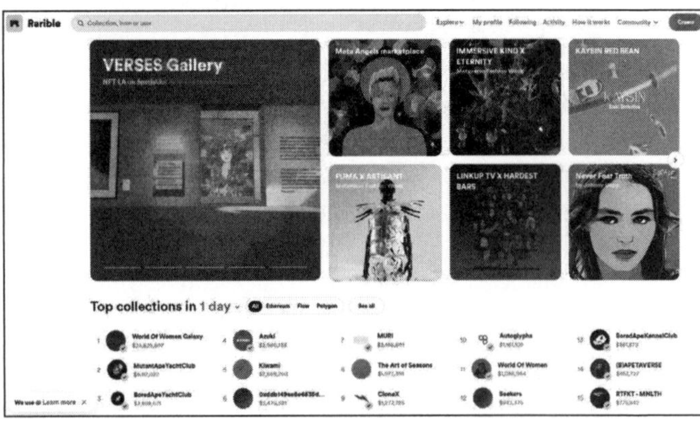

Comme il est très facile de créer des NFT sur Rarible, l'offre est surabondante, ce qui peut être un peu déconcertant pour le novice. En tant que créateur de contenu, vous pouvez décider de vendre vos NFT de deux manières : avec l'option Acheter maintenant, ou par des enchères.

En tant qu'acheteur, vous pouvez cibler les NFT que vous aimez grâce à de nombreux filtres, jusqu'à trouver la niche qui vous convient. Chez Rarible, vous payez 5 % sur chaque vente, partagés à parts égales entre l'acheteur et le vendeur, mais sans frais d'inscription. Le créateur du NFT peut également choisir de recevoir des redevances sur les ventes futures de ses créations. Rarible ne fonctionne qu'avec un wallet Ethereum (voir Chapitre 2) et accepte plus de vingt cryptomonnaies.

Comme sur la plupart des sites de crypto, vous interagissez avec le site Rarible au moyen d'un plug-in de wallet utilisant Ethereum sur votre navigateur web. Au moment d'écrire ces lignes, le plus répandu est MetaMask (pour Chrome), qui offre une bonne expérience utilisateur. Une fois que vous avez accès à votre portefeuille Ethereum, connectez-le à Rarible, puis suivez ces étapes pour remplir votre profil :

1. **Accédez à `https://rarible.com/`.**
2. **Cliquez sur le bouton Se connecter.**
3. **Dans la page qui apparaît, cliquez sur le bouton Se connecter avec MetaMask.**
4. **Cliquez sur le bouton My Profile dans le menu déroulant.**
5. **Cliquez sur le bouton Edit.**
6. **Ajoutez une photo de profil. Cliquez sur Edit cover pour ajouter une image de couverture.**
7. **Saisissez les informations de votre compte.**
8. **(Facultatif) Liez vos comptes de réseaux sociaux pour partager votre collection.**
9. **(Facultatif) Définissez une URL personnalisée.**

Vous pouvez maintenant créer de nouveaux NFT ou commencer à collectionner ceux que vous aimez.

SuperRare

Sur la place de marché américaine SuperRare (`https://superrare.com/market`), active depuis 2018, vous avez la possibilité de collectionner et d'échanger des œuvres d'art numériques à édition unique qui ont été sécurisées sur la blockchain Ethereum avec un token ERC-721 (voir Chapitre 10).

SuperRare (voir Figure 12.6) est sélective pour ce qui est des personnes autorisées à vendre des NFT sur sa plateforme, avec un positionnement comparable à la maison de vente aux enchères Christie's. Chaque NFT est associé à une œuvre d'art numérique officielle créée par un artiste du réseau. Toutes les transactions sur SuperRare sont effectuées avec des ETH (ethers), le token natif d'Ethereum (que vous pouvez acquérir sur Coinbase).

Figure 12.6

SuperRare.

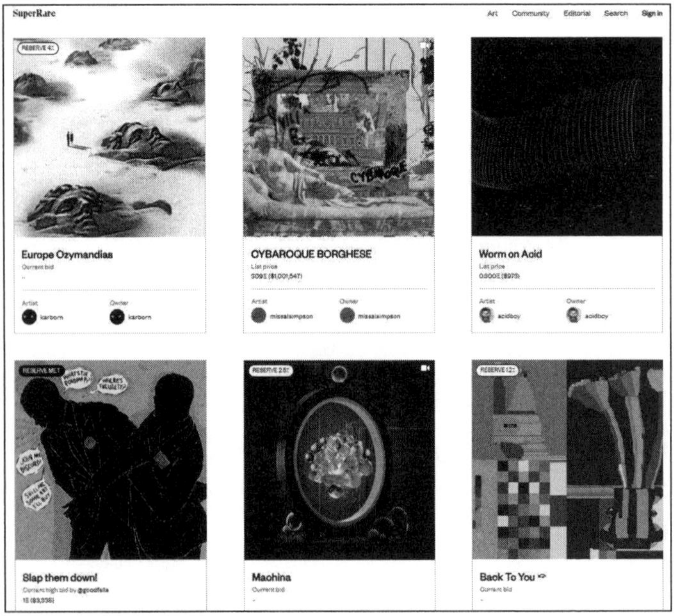

Voici un aperçu du fonctionnement des transactions sur SuperRare :

» Pour tous les achats, l'acheteur paie des frais de transaction de 3 %.

» Pour une vente primaire (la première fois qu'une œuvre est vendue), l'acheteur verse une commission de 15 %. Les ventes secondaires (toutes celles suivant la première) rapportent au créateur du NFT une redevance de 10 %.

» Pour les œuvres en version bêta (avec un ID de token inférieur à 4 000), aucuns frais n'est prélevé sur les ventes primaires, et la commission est de 3 % sur les ventes secondaires.

Alcor NFT

Alcor (`https://alcor.exchange/nft-market`) n'est pas une énième place de marché NFT (voir Figure 12.7). Lancée en 2020, elle s'appuie sur des plateformes de trading décentralisées (DEX) qui relient les acheteurs et les vendeurs de NFT en peer-to-peer (P2P). Les plateformes décentralisées ne sont pas dépositaires des fonds, leurs utilisateurs en gardant le contrôle par leurs clés privées (ce qui est avantageux pour les utilisateurs expérimentés mais peut-être un peu moins facile à gérer pour les débutants). Alcor permet de mettre ses œuvres en ligne gratuitement et de les vendre directement, avec des transactions NFT sans frais.

Alcor figure parmi l'un des DEX à croissance rapide sur Internet. Contrairement à la plupart des places de marché NFT, Alcor repose sur la blockchain EOSIO et avec intégration des blockchains BOS, EOS, Proton, TELOS et WAX. Vous pouvez faire de très nombreuses opérations avec Alcor, qui vont bien au-delà de la création et de l'enregistrement de NFT. Par exemple, vous pouvez créer :

» **Des pools de liquidités de tokens.** Dans un tel contexte, deux ou plusieurs tokens groupés sont immobilisés dans des smart contracts afin de fournir de la liquidité à des exchanges décentralisés. Pour plus de détails sur les pools de liquidités, nous vous conseillons le livre *Bitcoin et les cryptomonnaies pour les Nuls*.

» **Des ordres au marché et à cours limité pour les cryptomonnaies.** Il s'agit d'une stratégie de trading pour faire face à la volatilité du marché.

» **Des tokens.** Ceux-ci peuvent être utilisés pour émettre des actions ou représenter d'autres types d'actifs.

Figure 12.7

La section NFT de la plateforme Alcor.

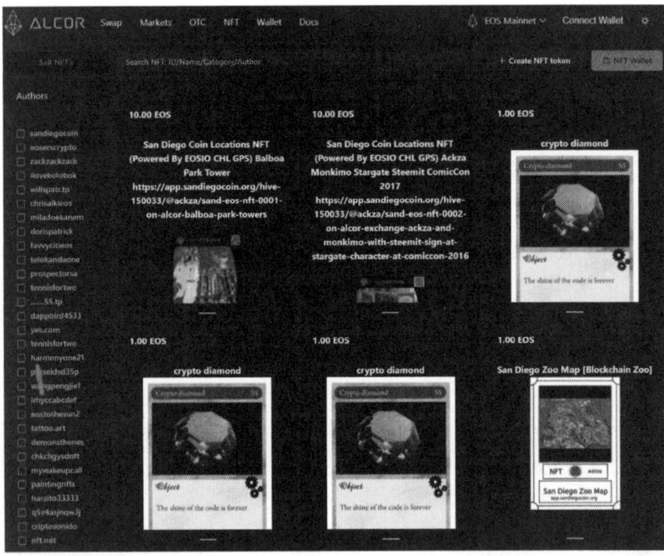

Alcor n'autorise pas les retraits ou dépôts par carte bancaire ou PayPal, et MetaMask ne fonctionne pas sur son site. Pour utiliser Alcor, vous devez avoir un wallet Anchor (`https://greymass.com/en/anchor/download`), disponible sur mobile et ordinateur, qui vous permet de vous connecter, de signer des documents et d'exécuter *des smart contracts distribués.*

Si vous optez pour le wallet Anchor en version mobile, celui-ci stocke vos clés privées avec un cryptage de niveau militaire à l'aide de l'enclave sécurisée liée aux informations biométriques de votre smartphone.

Une *enclave* est une zone isolée du processeur principal offrant une couche de sécurité supplémentaire. Elle est conçue pour assurer la sécurité des données sensibles des utilisateurs.

Binance NFT

La célèbre plateforme de trading de cryptomonnaie Binance (`www.binance.com`) a créé une section NFT en 2021, avec des œuvres d'artistes aussi légendaires qu'Andy Warhol ou Salvador Dali (voir Figure 12.8).

Binance répertorie tous les types de NFT, qu'il s'agisse d'articles de sport et d'e-sport, de pièces de collection, d'objets de divertissement ou d'œuvres d'art numérique.

Cette place de marché fonctionne sur la Binance Smart Chain en utilisant des tokens BEP-721, une norme de tokens propre à Binance, et prend également en charge les NFT sur le réseau Ethereum.

Les NFT créés sur la Binance Smart Chain ou Ethereum sont soumis à des frais de réseau blockchain ainsi que des frais d'inscription de 1 %, payés en Binance Coins (BNB). En tant qu'artiste, vous avez le choix entre une vente aux enchères ou une vente à prix fixe, et le paiement peut s'effectuer dans l'une des nombreuses cryptomonnaies existantes. Les artistes perçoivent une redevance de 1 % pour toute transaction ultérieure de leur NFT sur la plateforme. Si vous transférez un NFT que vous possédez, vous recevez également une redevance de 1 % lors de sa vente. À l'heure actuelle, il n'existe pas de norme de token universellement reconnue qui garantisse les redevances en dehors de la plateforme sur laquelle elles ont été émises. Toutefois, c'est susceptible de changer dans un avenir proche.

Créer un NFT sur Binance est simple. Une fois que vous avez indiqué les informations de base de votre NFT ainsi que le type et la durée de la vente, l'équipe de Binance examine votre proposition avant de la valider et de la répertorier.

Figure 12.8

La section NFT de Binance.

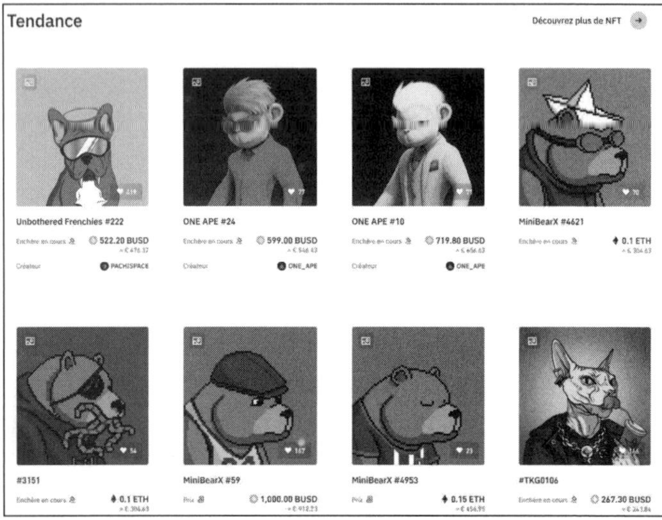

La place de marché NFT de Binance est connectée à l'exchange Binance, ce qui facilite l'accès aux NFT. Vous pouvez déposer de l'argent sur votre compte Binance par virement ou carte bancaire, puis utiliser ces fonds pour acheter des NFT.

Il n'est pas conseillé de laisser de grosses sommes d'argent sur un exchange. Même s'ils sont très rares, les piratages existent.

LooksRare

LooksRare (`https://looksrare.org/`) est apparue en janvier 2022 avec pour objectif de concurrencer la plateforme leader du domaine qu'est OpenSea.

Dès le départ, LooksRare s'est distinguée en proposant de récompenser ses participants par des tokens de sa cryptomonnaie LOOKS. Pour inciter ses usagers à plonger dans le bain, LooksRare a d'ailleurs pratiqué un vaste *airdrop* (une distribution gratuite) de ses tokens – et notamment à ceux qui pouvaient prouver qu'ils avaient dépensé au moins 3 ETH sur OpenSea lors des six derniers mois.

Il en a résulté un usage extrêmement élevé de LooksRare dès le lancement de cette plateforme. Toutefois, une grande partie de cette activité serait du *wash trading* : cette pratique consiste à s'inscrire sous plusieurs adresses pour acheter un même NFT avec ses divers portefeuilles afin de faire monter le prix et récupérer ainsi les récompenses en LOOKS.

Il n'en reste pas moins que LooksRare s'est imposée par sa facilité d'usage, ses frais de services moins élevés que sur OpenSea et une volonté ouverte de communiquer avec ses usagers.

Crypto.com NFT

La plateforme de trading Crypto.com (basée à Hong Kong) propose désormais une section NFT (`https://crypto.com/nft`), qui facilite le transfert de fonds vers votre wallet en vue d'acheter des NFT (voir Figure 12.9).

Lancée en 2021, cette plateforme utilise la blockchain Crypto.org Chain, qui est une blockchain publique et open source, conçue pour le paiement, la finance décentralisée (DeFi) et les NFT.

La plateforme Crypto.com NFT a noué entre autres un partenariat avec l'écurie de course automobile Aston Martin F1, avec des NFT de ses pilotes Sebastian Vettel ou Lance Stroll. Le rappeur Snoop Dogg a également lancé plusieurs NFT sur Crypto.com.

Au moment d'écrire ces lignes, Crypto.com ne facturait aucuns frais aux artistes ni aux acheteurs. Y créer un compte est facile et vous permet d'ajouter des fonds à votre wallet. Les artistes ont la possibilité de demander des redevances allant jusqu'à 10 % du prix d'achat des reventes. La plateforme accepte les cartes bancaires, car il n'est pas obligatoire d'avoir des cryptomonnaies pour acheter un NFT sur cette plateforme.

Figure 12.9

La section NFT de Crypto.com.

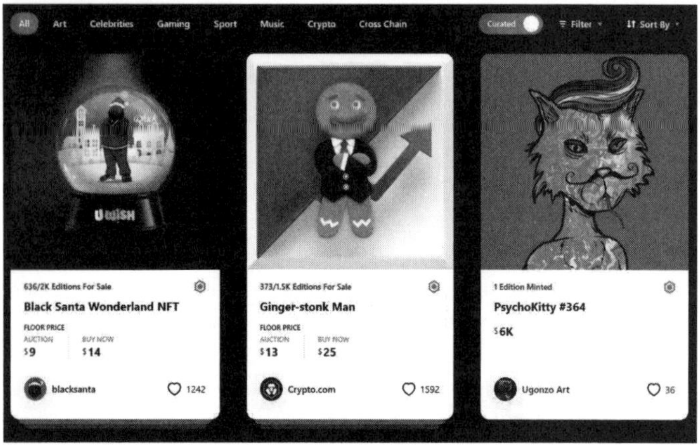

DANS CE CHAPITRE

À la découverte des dix NFT les plus chers de l'histoire.

Les artistes NFT les plus populaires.

L'inspiration sous-jacente derrière ces NFT.

Chapitre 13
Les dix plus grosses ventes de NFT à ce jour

Dans ce chapitre, nous vous présentons les NFT les plus chers de tous les temps (à l'heure où nous écrivons ces lignes), ainsi que les artistes qui les ont créés. Le monde change, les technologies évoluent et les artistes adoptent ces nouveaux modes de diffusion de leur travail.

Étant donné que les NFT représentent un changement de pouvoir en faveur des artistes et des collectionneurs, il peut être utile d'en apprendre davantage sur les NFT qui ont battu des records, et sur le travail et la réflexion qui ont présidé à leur création.

Ce chapitre vous aide à mieux apprécier le phénomène NFT et les artistes qui profitent le plus de cette nouvelle tendance. Une occasion de mieux comprendre les acheteurs qui sont prêts à investir dans ce nouveau type d'art.

EVERYDAYS: THE FIRST 5000 DAYS

https://onlineonly.christies.com/s/beeple-first-5000-days/beeple-b-1981-1/112924

Le NFT le plus cher acheté à ce jour est *EVERYDAYS: THE FIRST 5000 DAYS*, une œuvre d'art créée par l'artiste Mike Winkelmann, plus connu sous le nom de Beeple. Ce graphiste américain compte plus de deux millions d'abonnés sur Instagram et collabore avec des marques aussi prestigieuses que Louis Vuitton et Nike, et des artistes musicaux de renom comme Katy Perry ou Childish Gambino.

Beeple a commencé à créer et à publier une nouvelle œuvre d'art en ligne chaque jour à partir de mai 2007. *EVERYDAYS* est une œuvre composée de cinq mille images numériques que Beeple a mises en ligne quotidiennement depuis cette date, soit durant une quinzaine d'années. Cette œuvre d'art a été le premier NFT vendu par la grande maison de vente aux enchères Christie's. Beeple ne s'est pas contenté de rassembler cinq mille images sans rapport pour créer *EVERYDAYS*. Il a créé un collage de thèmes et de couleurs récurrents, organisant les images dans l'ordre chronologique pour donner à l'ensemble une cohérence esthétique (voir Figure 13.1).

Figure 13.1

EVERYDAYS: THE FIRST 5000 DAYS de l'artiste Beeple.

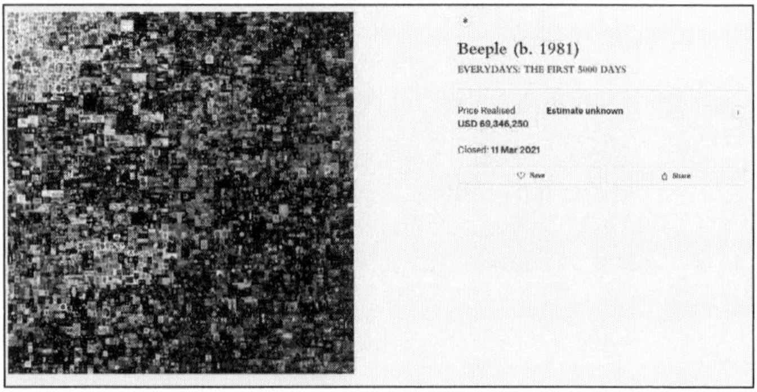

En zoomant sur les images individuelles à l'intérieur de l'œuvre, chacun peut voir comment l'artiste a évolué, depuis ses premiers dessins jusqu'aux images numériques 3D. On observe de nombreux thèmes récurrents, comme la relation de la société avec la technologie, la richesse et les tumultes de la situation politique américaine.

La première image numérique créée par Beeple pour son collage est une image dessinée à la main de son oncle Jim, qu'il a surnommée *Uber Jay*. Ses images ont ensuite évolué vers des œuvres en 3D, tel le portrait du vice-président américain Mike Pence, posant sur le toit de la Maison-Blanche avec une énorme mouche sur la tête. Il s'agit de l'une de ses œuvres d'art les plus en rapport avec l'actualité, puisqu'elle a été achevée immédiatement après le débat vice-présidentiel de 2020, et se voulait un commentaire politique sur l'administration Trump. Lorsqu'on regarde l'œuvre *EVERYDAYS* dans son ensemble, les détails spécifiques de chaque image individuelle ne sont pas visibles, mais la version JPEG du NFT est si grande que le propriétaire peut zoomer sur chaque composant pour l'étudier indépendamment des autres.

Beeple explique son évolution en tant qu'artiste par le désir de se concentrer toujours plus sur une réaction aux événements actuels. Il a utilisé des outils 3D dans son art pour commenter les événements d'actualités au fur et à mesure qu'ils se produisaient.

EVERYDAYS a été vendue le 11 mars 2021 pour un montant de 69,3 millions de dollars. Alors que les enchères avaient commencé à seulement 100 dollars, elles ont atteint presque trente millions de dollars dans les dernières secondes de la vente. Puis une rafale d'offres de dernière seconde a prolongé la fin de l'enchère de deux minutes, portant le prix de vente final à 69,3 millions de dollars (69 346 250 dollars exactement).

Selon la maison de vente aux enchères qui a vendu le NFT, ce montant fait d'*EVERYDAYS* le troisième prix d'enchères le plus élevé pour un artiste vivant, derrière Jeff Koons et David Hockney.

C'est Vignesh Sundaresan, également connu sous le nom de MetaKovan dans la communauté des cryptomonnaies, qui a acheté le NFT. Il est également fondateur du projet Metapurse, un fonds d'investissement dans les NFT.

Comme *EVERYDAYS* a été créée sur la blockchain Ethereum, son acquéreur a obtenu un code unique existant sur la blockchain Ethereum en plus d'un gigantesque JPEG du NFT.

Clock

`https://censored.art/clock`

Clock, de l'artiste numérique Pak, n'est pas en soi une création que l'on pourrait assimiler à du grand art. Si cette œuvre a eu un fort retentissement, c'est parce que sa vente, sous forme de NFT, a servi une cause, chère au cœur de nombreux internautes : celle de Julian Assange, fondateur de WikiLeaks. Et de fait, *Clock* consiste en un compteur du nombre de jours passés par ce dernier dans sa prison de Belmarsh à Londres, dans l'attente de son extradition aux États-Unis (voir Figure 13.2).

Rappelons que le site WikiLeaks s'est distingué par ses diverses révélations, publiées à partir de 2006, sur les guerres d'Irak et d'Afghanistan. En décembre 2010, alors que Julian Assange se trouvait à Londres, la Suède a lancé un ordre d'extradition contre le lanceur d'alerte sur la base de la plainte de deux jeunes femmes. Or, Assange redoute d'être extradé depuis la Suède vers les États-Unis, pays dans lequel il aurait à répondre de multiples accusations d'espionnage, avec une sentence qui pourrait aller jusqu'à 175 ans de prison.

Durant plusieurs mois, les avocats d'Assange ont épuisé recours sur recours. Assange a d'abord trouvé refuge à l'ambassade d'Équateur à Londres. Puis, en 2019, il a été arrêté par la police londonienne et incarcéré. Afin de lui manifester son soutien, l'artiste Pak (anciennement connu sous le nom de Murat Pak) a donc lancé ce NFT ainsi qu'un fonds, AssangeDAO.

Figure 13.2

Clock par l'artiste Pak.

Mise en ligne le 3 février 2022, l'opération a recueilli 52,7 millions de dollars, *via* la plate-forme de financement participatif Juicebox. Cette somme a été intégralement reversée à la Wau Foundation, qui se consacre à récolter des dons pour la défense légale d'Assange.

Human One

`https://human-one.xyz/`

Beeple n'a pas seulement réalisé le NFT de tous les records : un grand nombre de ses œuvres ont été acquises à des montants très élevés. C'est notamment le cas de *Human One*, une œuvre dévoilée en novembre 2021, qui montre un individu, vêtu d'une combinaison de cosmonaute et qui avance dans un environnement en perpétuel changement. L'artiste a décrit cette œuvre comme « le premier portrait d'un humain né dans le métavers ». Il a également fait savoir qu'il comptait faire évoluer *Human One* tout au long de sa vie.

Vendue aux enchères sous une forme originale qui fait apparaître le personnage en mouvement dans une cabine (soit une « sculpture générative » (voir Figure 13.3), l'œuvre a été acquise pour 28,9 millions de dollars par Ryan Zurrer.

Figure 13.3

Human One, par l'artiste Beeple.

CryptoPunk #5822

www.larvalabs.com/cryptopunks/details/5822

La collection « CryptoPunks » est un ensemble de dix mille personnages en pixel-art, qui ont d'abord été distribués gratuitement sur la blockchain Ethereum lorsque la société Larva Labs les a créés en 2017.

Dans la mesure où ils ont été l'un des tout premiers exemples de NFT sur Ethereum, les CryptoPunks ont contribué à la définition de la norme ERC-721, qui est à la base de la plupart des objets d'art et de collection numériques NFT.

Les CryptoPunks sont connus pour leurs caractéristiques bien distinctes : il n'en existe pas deux identiques, et la blockchain en compte dix mille. Tous sont connus pour leur esthétique minimaliste : ce sont des NFT de 24 × 24 pixels en 8 bits.

De toutes les collections mises en ligne, CryptoPunks a été la plus populaire : plusieurs douzaines d'éléments se sont vendus à un montant (en ETH) dépassant le million de dollars. D'ailleurs, la moitié des NFT présentés dans ce chapitre entrent dans la catégorie « CryptoPunks ».

De nombreux CryptoPunks partagent des accessoires similaires, tels que des pipes, des lunettes de soleil, des casquettes et des cache-œil, mais ils mélangent et associent différents accessoires, couleurs de peau et types pour créer des images uniques. *CryptoPunk #5822*, pour sa part, porte un bandana (voir Figure 13.4). Il figure parmi les CryptoPunks de type alien (le plus rare, car au nombre de 9, en comparaison des 24 singes, 88 zombies, 3 840 femmes et 6 039 hommes).

Le 13 février 2022, *CryptoPunk #5822* a été vendu pour 8 000 ETH, soit l'équivalent de 23,7 millions de dollars.

Figure 13.4

CryptoPunk #5822.

Cryptopunks / 5822

CryptoPunk 5822

One of 9 Alien **punks.**

Attributes

This punk has 1 **attributes**, one of 333 with that many.

Bandana

481 punks have this.

Current Market Status

This punk is currently owned by address **0x7ddffb**.

This punk is currently for sale by owner for 10KΞ ($33.38M).

There is a bid of 0.05Ξ ($167) for this punk from **0x1de817**.

Transaction History

Type	From	To	Amount	Txn
Offered			10KΞ ($32.75M)	Mar 27, 2022
Transfer	deepak.e...	0x7ddffb		Mar 10, 2022
Offered			10KΞ ($26.14M)	Mar 05, 2022
Bid	0x1de817		0.05Ξ ($146)	Feb 13, 2022
Sold	0x7eb28b	deepak.e...	8KΞ ($23.7M)	Feb 12, 2022
Offered		deepak.e...	8KΞ ($23.7M)	Feb 12, 2022
Bid	0x3c2694		0.02Ξ ($75)	Dec 29, 2021
Bid	0x3cdeaa		<0.01Ξ ($17)	Dec 04, 2021
Bid Withdrawn	0x46aff8		2.3KΞ ($10.9M)	Nov 10, 2021
Bid	0x46aff8		2.3KΞ ($10.96M)	Nov 08, 2021

La collection « CryptoPunks » a été lancée par Matt Hall et John Watkinson (fondateurs du studio Larva Labs), des geeks créatifs qui ont travaillé sur presque tous les types de logiciels, des infrastructures web à grande échelle aux logiciels d'analyse génomique. Outre CryptoPunks, ils ont créé Autoglyphs, le premier système génératif d'œuvres d'art *on-chain* (stockées sur la blockchain Ethereum). Ils ont travaillé avec des entreprises de premier plan telles que Google et Microsoft, et ont même conçu l'application Android *AppChat*, qui crée une salle de *chat* pour chaque application installée sur un téléphone.

CryptoPunk #7523

`www.larvalabs.com/cryptopunks/details/7523`

Comme le personnage précédent, *CryptoPunk #7523* est de type alien (voir Figure 13.5) Il a la peau bleu-vert, une petite boucle d'oreille en or à son oreille droite et un bonnet marron sur la tête, mais surtout un masque chirurgical. Si cet accessoire est devenu l'emblème de la lutte contre la pandémie de Covid-19, cette dernière n'avait pas encore eu lieu quand ce personnage a été créé. C'est peut-être l'une des principales raisons pour lesquelles il a longtemps été le CryptoPunk le plus cher jamais vendu.

CryptoPunk #7523 a été adjugé pour 11,75 millions de dollars le 10 juin 2021, dans le cadre d'une vente aux enchères en ligne de Sotheby's. Que ce NFT soit vendu à un prix si élevé était en partie dû à la place qu'avaient prise les CryptoPunks au cœur de l'écosystème NFT et crypto.

L'entrepreneur israélien Shalom Meckenzie, principal actionnaire de la société de paris sportifs numériques DraftKings, est l'heureux possesseur de *CryptoPunk #7523*.

Figure 13.5

CryptoPunk #7523.

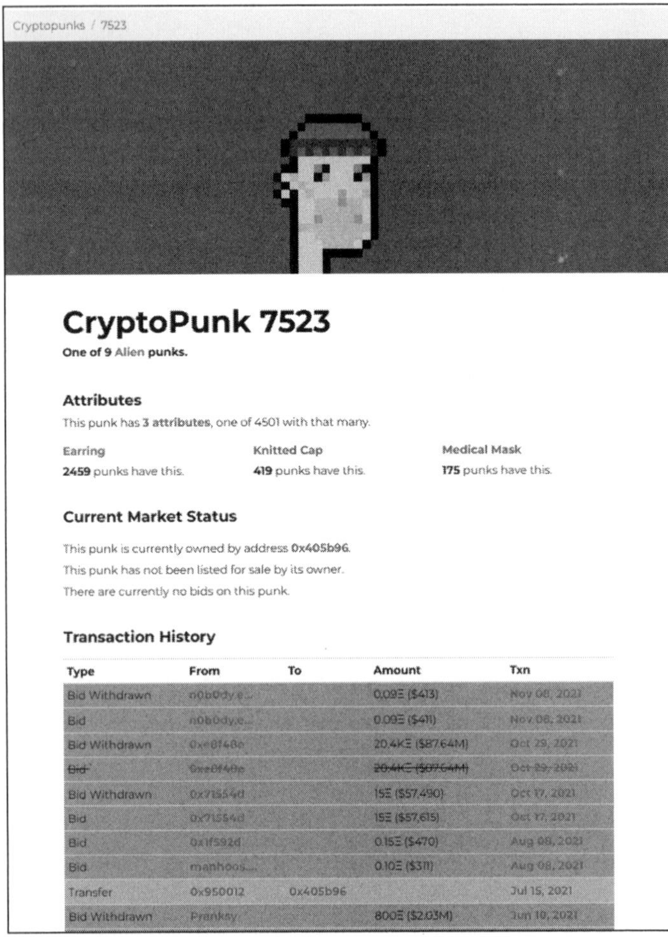

Cryptopunks / 7523

CryptoPunk 7523

One of 9 Alien punks.

Attributes

This punk has **3 attributes**, one of 4501 with that many.

Earring	Knitted Cap	Medical Mask
2459 punks have this.	**419** punks have this.	**175** punks have this.

Current Market Status

This punk is currently owned by address **0x405b96**.

This punk has not been listed for sale by its owner.

There are currently no bids on this punk.

Transaction History

Type	From	To	Amount	Txn
Bid Withdrawn	n0b0dy.e...		0.09Ξ ($413)	Nov 08, 2021
Bid	n0b0dy.e...		0.09Ξ ($411)	Nov 08, 2021
Bid Withdrawn	0xe0f48e		20.4KΞ ($87.64M)	Oct 29, 2021
~~Bid~~	0xe0f48e		~~20.4KΞ ($87.64M)~~	Oct 29, 2021
Bid Withdrawn	0x71554d		15Ξ ($57,490)	Oct 17, 2021
Bid	0x71554d		15Ξ ($57,615)	Oct 17, 2021
Bid	0x1f592d		0.15Ξ ($470)	Aug 08, 2021
Bid	manhoos...		0.10Ξ ($311)	Aug 08, 2021
Transfer	0x950012	0x405b96		Jul 15, 2021
Bid Withdrawn	Pranksy		800Ξ ($2.03M)	Jun 10, 2021

Tpunk3442

`https://tpunks.com/detail/Tpunks/3442`

Le succès des CryptoPunks a fait des émules, engendrant de nombreuses copies sur diverses blockchains, tels les dix mille Tpunks, apparus sur la blockchain TRON (avec sa monnaie TRX).

Curieusement, c'est le cofondateur de TRON, Justin Sun, qui a fait l'événement suite à l'acquisition de ce Tpunk pour 120 millions de TRX (l'équivalent de 10,5 millions de dollars), le 31 août 2021 (voir Figure 13.6).

Figure 13.6

Tpunk3442.

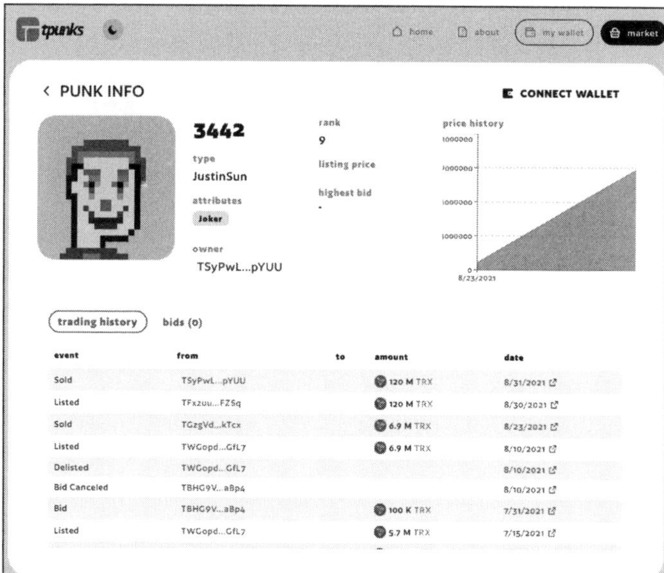

Il est à noter que Justin Sun a failli remporter l'œuvre *EVERYDAYS* de Beeple lors de sa vente aux enchères organisée le 11 mars 2021. Il avait en effet fait une offre de 69 millions de dollars, qui a été dépassée de peu au final.

CryptoPunk #4156

www.larvalabs.com/cryptopunks/details/4156

Cet autre CryptoPunk fait partie des vingt-quatre singes de la collection. En février 2021 (voir Figure 13.7), au moment où ce NFT a été vendu, il est temporairement devenu celui qui avait atteint le plus haut montant, soit l'équivalent de 1,25 million de dollars.

Figure 13.7

CryptoPunk #4156.

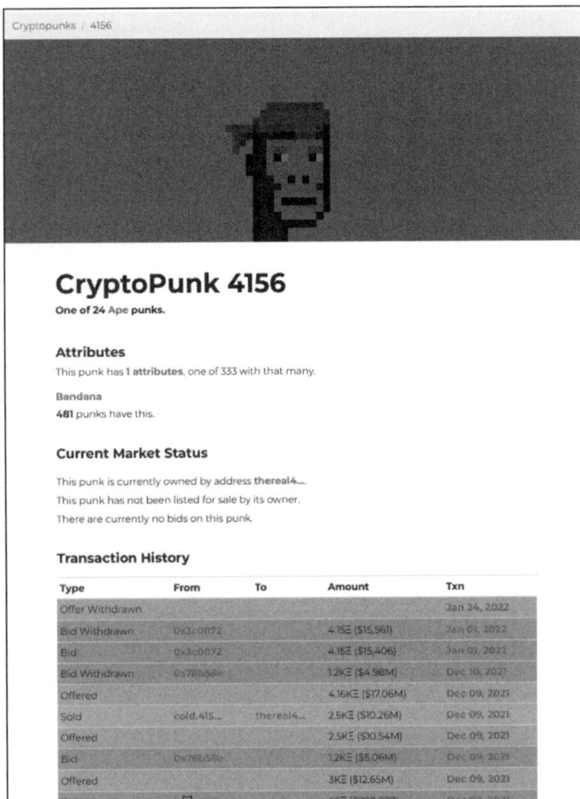

Un peu plus tard durant cette même année, le propriétaire de *CryptoPunk #4156* l'a remis en vente, laissant entendre qu'il avait perdu ses illusions dans les CryptoPunks. Ce NFT a ainsi été vendu en décembre 2021 à un prix huit fois supérieur, soit environ 10,26 millions de dollars.

CryptoPunk #5577

`www.larvalabs.com/cryptopunks/details/5577`

Figure 13.8

CryptoPunk #5577.

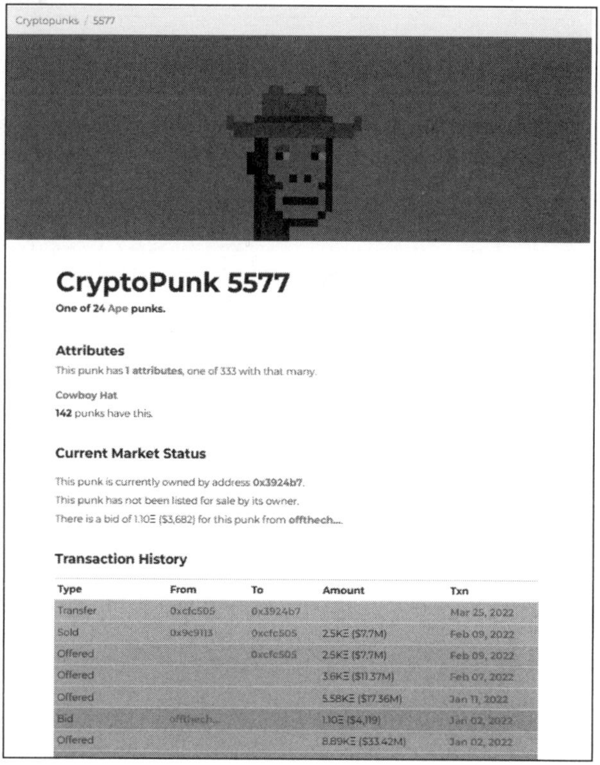

CryptoPunk #5577 se distingue par le fait qu'il porte un chapeau de cow-boy (voir Figure 13.8). Tout comme le précédent (#4156), il fait partie de la série des singes. En février 2022, il a été vendu au prix de 2 501 ETH (soit environ 7,7 millions de dollars). Il a été acquis par Robert Leshner, le fondateur du site de prêt et du protocole Compound.

CryptoPunk #7804

www.larvalabs.com/cryptopunks/details/7804

Figure 13.9

CryptoPunk #7804.

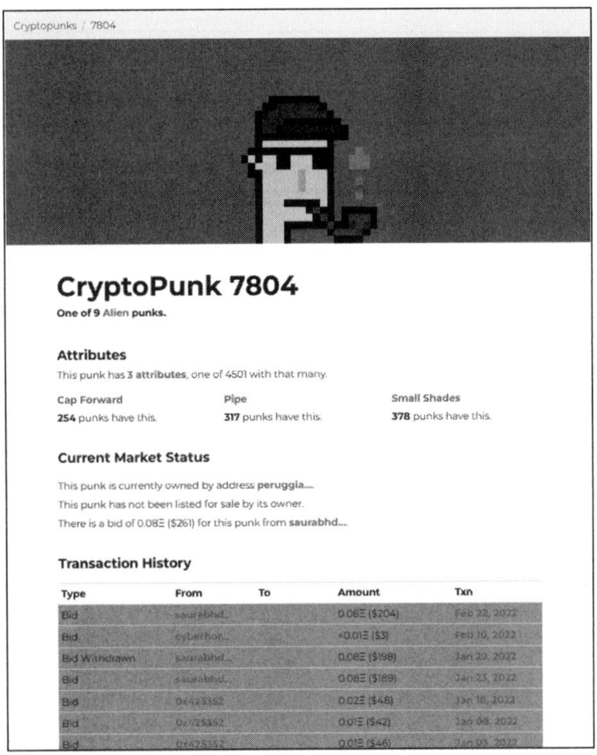

Ce CryptoPunk de la famille des aliens se distingue par sa casquette gris foncé, ses lunettes de soleil noires et le fait qu'il fume une pipe marron, semblable à celle de Sherlock Holmes (voir Figure 13.9). Même si 378 autres CyptoPunks ont une pipe et 317 portent des lunettes de soleil, celui-ci (de type alien) est le seul à arborer ces deux accessoires.

Dylan Field, P-DG de la société Figma, a acquis cette œuvre en 2018. Quand il l'a finalement revendue le 10 mars 2021 pour 4 200 ETH, soit 7,5 millions de dollars (soit le même prix que celui auquel *CryptoPunk #3100* a été acheté), il l'a carrément assimilée à une *Joconde* de l'ère numérique.

Le nouveau propriétaire de *CryptoPunk #7804* n'est pas connu au-delà de son numéro de compte Etherscan, qui permet de voir qu'il possède six autres CryptoPunks.

CryptoPunk #3100

`www.larvalabs.com/cryptopunks/details/3100`

CryptoPunk #3100 est un alien à la peau bleu-vert, sans cheveux et avec un bandeau rayé bleu et blanc autour de la tête (voir Figure 13.10). Bien que 406 autres CryptoPunks portent un bandeau, aucun n'est identique à celui-ci.

Ce NFT a été vendu sur la blockchain Ethereum le 11 mars 2021 pour 4 200 ETH (57,58 millions de dollars) à un acheteur dont le nom n'a pas été identifié au-delà de son numéro de compte Etherscan, et qui l'a remis en vente en août 2021 pour 35 000 ETH (soit 90,5 millions de dollars à l'époque). Si un acheteur devait l'acquérir à ce prix (ce qui n'était pas encore le cas au moment de l'écriture de ces lignes), cela ferait de CryptoPunk #3100 le NFT le plus cher de tous les temps.

Figure 13.10

CryptoPunk #3100.

Cryptopunks / 3100

CryptoPunk 3100

One of 9 Alien punks.

Attributes

This punk has **1 attributes**, one of 333 with that many.

Headband

406 punks have this.

Current Market Status

This punk is currently owned by address **0x7b8961**.

This punk is currently for sale by owner for 35KΞ ($117.14M).

There are currently no bids on this punk.

Transaction History

Type	From	To	Amount	Txn
Bid Withdrawn	n0b0dy.e...		0.09Ξ ($417)	Nov 09, 2021
Bid	n0b0dy.e...		0.09Ξ ($411)	Nov 08, 2021
Bid Withdrawn	tomjohn....		0.50Ξ ($2,099)	Oct 31, 2021
Bid	tomjohn....		0.50Ξ ($2,099)	Oct 31, 2021
Bid Withdrawn	0xe8f48e		20.4KΞ ($87.64M)	Oct 29, 2021
~~Bid~~	0xe8f48e		~~20.4KΞ ($87.64M)~~	Oct 29, 2021
Bid Withdrawn	tomjohn....		0.05Ξ ($207)	Oct 28, 2021
Bid	tomjohn....		0.05Ξ ($201)	Oct 27, 2021
Bid Withdrawn	0x319aae		0.11Ξ ($369)	Sep 14, 2021
Bid	0x319aae		0.11Ξ ($366)	Sep 14, 2021

Index

A

B

C

D

E

F

G

H

I

J

L

M

N

T

V

W